KB274099

한국의 이공계는 글쓰기가 두렵다

한국의 이공계는 글쓰기가 두렵다

초판 1쇄 발행 2003년 3월 7일
초판 17쇄 발행 2009년 2월 25일
초판 18쇄 발행 2009년 9월 10일
초판 19쇄 발행 2010년 3월 12일
초판 20쇄 발행 2011년 3월 2일
초판 21쇄 발행 2012년 2월 1일
초판 22쇄 발행 2014년 9월 23일
초판 23쇄 발행 2015년 3월 25일
초판 24쇄 발행 2018년 2월 25일
초판 25쇄 발행 2022년 8월 25일

지 은 이 임 재 춘
펴 낸 이 이 찬 규
펴 낸 곳 북코리아
등록번호 제03-01240호
주   소 13209 경기도 성남시 중원구 사기막골로 45번길 14
          우림2차 A동 1007호
전   화 (02) 704-7840
팩   스 (02) 704-7848
이 메 일 ibookorea@naver.com
홈페이지 www.북코리아.com

값 8,000원

ISBN 89-89316-71-5 03300

*초판 10쇄까지는 도서출판 마이넌에서 발행하였습니다.
*본서의 무단복제를 금하며, 잘못된 책은 바꾸어 드립니다.

한국의 이공계는 글쓰기가 두렵다

임재춘 지음

권두언

　20세기를 분석의 시대라고 한다면 21세기는 모든 것이 뒤섞인 '퓨전' 즉, 융합의 시대이다. 산업화가 주축이 된 20세기에는 단일 기술 하나로 경쟁력이 생길 수 있었지만 정보화 시대에는 정치, 경제, 문화, 금융 및 과학기술이 활발히 접목해야 살아남을 수 있는 시대이다.

　융합의 시대를 대비하기 위해서는 근본적으로 학문간의 벽이 없어야 한다. 우리사회가 특정 학문의 틀에서 벗어나는 것을 비난하는 경향이 많으나 이래서는 창의성을 발휘할 수 없다. 물리학자가 금융에 대해 말할 수 있어야 하고 재무전문가가 생명공학을 토의할 수 있어야 국가 경쟁력이 생긴다. 따라서 성격이 다른 학문간의 대화는 말리지 말고 오히려 권유해야 하며, 문과와 이과 구분 없이 과학기술사회에서 살아가는 데 유용한 기본적인 과학기술교육을 해야 한다.

　분야와 학문간의 벽을 없애기 위해서는 의사소통 능력이 매우 중요하다. 산업화 시대에는 리더가 의사소통 능력을 얼마나 갖추고 있느냐에 따라 조직의 운명이 결정되었기 때문에 리더십의 주요 항목이 되었으나 융합의 시대에는 전체 구성원이 의사소통 능력을 갖추어야 경쟁력이 생긴다. 또한, 지금까지는 과학기술자들이 자기의 전문분야에 대해서 얼마나 많은 지식을 갖고 있느냐에 따라 그 능력이 평가되었지만 앞으로는 전문 지식뿐만 아니라 얼마나 효율적으로 전문지식을 다른 사람에게 전달할 수 있느냐도 함께 평가되어질 것이다.

'알고 있다' 라는 말을 다시 한 번 되새겨 보자. 진정으로 알고 있다는 것은 다른 사람들에게 자신의 논리를 펴서 이해시킬 수 있고 설득할 수 있 다는 것을 의미한다. 상아탑에 갇혀 있는 학자들이 제 아무리 훌륭하다 해 도 대중과 공감하지 못하고 인정 받지 못한다면 무슨 소용이 있겠는가. 이 제는 그들이 이해하지 못하는 이유를 대중들에게 돌릴 수 없다. 설득력 있 게 자신의 견해를 밝히지 못하고, 명쾌하게 설득하지 못하는 과학기술자 들에게 책임이 있는 것이다. 그런 점에서 이 책의 저자는 자신의 중요한 경험을 통해 과학기술자들에게 좋은 교훈을 남겨주고 있다. 저마다 각 분 야에서 '전문가' 인 그들이 얼마나 중요한 것을 간과하고 있는지, 표현하 는 것이 얼마나 중요한 문제가 되는지 이 책을 통해 말하고 있는 것이다.

융합의 시대를 앞두고 과학기술자는 스스로 자신들을 조그마한 울타리 에 집어넣고 있다는 사실을 깨달아야 한다. 그래야 경제 발전에 초석이 된 과학기술자가 다시 한번 선진국 진입의 발판을 만들 수 있는 것이다. 과 학기술자가 융합의 세계로 나아 갈 핵심 도구인 '글쓰기' 에 훌륭한 길잡 이가 된 임재춘씨에게 감사의 말씀을 드린다.

호서대 총장 정 근 모

프롤로그

나는 소위 말하는 대한민국의 '공돌이' 다. 그걸로 사회생활을 시작했고, 평생을 먹고 살았다. 그러나 직장생활을 하면서 가장 힘들었던 것은 업무자체 보다는 '글' 이었다.

글쓰기를 어려워하며 고민하는 내게 사람들은 공돌이가 기계나 잘 만지고 연구나 잘하면 되지, 무슨 글을 쓸게 있다고 그렇게 고민을 하냐고 쉽게 얘기했다. 그러나 보고서 한줄 쓰기가, 예산기획서 한 장 쓰기가 참 힘들었다. 내 딴엔 잘 썼다고 가져가면 번번이 되돌아왔다. 난 자꾸 주눅이 들었다.

그리고 결국, 그 '글' 때문에 원자력 국장직을 물러났다.

문제의 글은 방사성폐기물 부지와 관련된 것이었다. 정부는 1990년 말, 안면도를 방사성폐기물 처분부지로 지정하기 위해 비밀리에 계획을 추진했다. 그러나, 이 계획이 사전에 누설되어 안면도에서 격렬한 반대 시위가 일어났다. 계획은 취소되고 장관, 차관 및 원자력국장이 줄줄이 물러났다. 내가 원자력국장에 임명된 것은 그때였다. 난 1년 내에 폐기물 부지를 확보하라는 중책을 맡았다.

안면도에서 교훈을 얻은 정부는 폐기물 부지를 정부가 지정하는 방식이 아니라 국민에게 공개 모집하는 방식으로 바꾸었다. 공개 모집 방식이 성공하기 위해서는 응모하려는 지역 주민의 이해와 협조가 절실하였기에 신문에 내는 공고 문안이 중요했다. 나는 공고 문안을 유명작가에게 의뢰한 후 주요 일간지 1면들을 잡아 두었다. 신문에 싣기로 한 날짜는 다가오는데 나오기로 한 원고는 더디기만 했다. 독촉 끝에 받아 본 문안은 실망스럽기 그지없었다. 시간이 없었던 나는 밤새워 공고 문안을 다시 만들어 새벽에 장관에게 보냈다. 나의 공고 문안을 받아 본 언론계 출신 장관은 크게 화를 내었고, 그 날 오전에 나는 원자력국장에서 물러났다. 과학기술처에서 원자력 전문가로 승승장구하던 나에게 이 일은 큰 충격이었다.

이때부터 나는 글쓰기에 관심을 가졌다. 대학 작문 교재, 논술 길잡이, 문장론, 보고서 작성법들을 틈나는 대로 찾아보았으나 결과는 불만스러웠다. 내용이 지루하고 알아야 할 사항이 너무 많아 목차만 봐도 질렸기 때문이다. 그러다 글쓰기를 체계적으로 배울 기회가 우연히 찾아왔다. 원자력국장에서 물러나 대전에 있는데 1년간의 해외연수 기회가 주어졌다. 나는 영국의 란카스트 대학 MBA를 지원했고 방학기간 동안 열리는 Technical Writing 강좌를 수강하게 되었다. 이 과목을 통해 복잡한 문법이나 철자법 대신 글의 구조와 논리 전개 방법을 배우게 됐다. 그때, '글쓰기는 바로 이렇게 하면 되겠구나' 하는 '느낌' 이 왔다.

물론, 전체적인 구조를 잡고 논리적으로 전개하는 기법만 알았다고 해서 글이 되는 것은 아니다. 실전이 필요했다. MBA 수업에서는 매주 한번씩 레포트를 제출했는데, 나는 기껏해야 한두 쪽 이상을 적기 힘든 것을 영국 학생들은 15쪽 내외로 잘도 적어냈다. 공부만 따라가기도 시간이 모자라는 판인데 글쓰기에까지 시간을 뺏기는 것이 싫어 나는 레포트를 대강 써서 냈다. 결과는 나쁜 성적으로 이어졌고 급기야 마케팅 과목에서 낙제하여 재시험을 치르게 되었다. 재시험 과목이 하나라도 더 나오면 학교를 떠나야 하는 상황이었기 때문에 엄청난 스트레스에 시달렸다. 글쓰기를 제대로 하지 않을 수 없었다.

학교에서 배운 아마추어 글쓰기는 직장의 프로 글쓰기에 턱없이 부족했다. 1994년에 북한 핵문제가 심각한 국면에 있을 때 오스트리아 주재 한국 대사관에 과학관으로 발령을 받았다. 그곳에는 당시 외무부 내에서도 글 잘 쓰는 사람으로 소문난 이시영대사(전 외무부 차관 및 유엔 대사, 현 전주대 총장)가 근무하고 있었다. 이 분은 내가 두 장으로 써 올린 문서를 새빨갛게 고쳐 한 장짜리로 줄여버렸다. 나는 사실을 일어난 시간 순으로 장황하게 적었지만 대사는 중요한 것부터 간결하게 정리하여 읽는 사람이 핵심내용을 일목요연하게 볼 수 있는 글로 바꾸어 놓았다. 글이 고쳐질 때마다 호된 꾸중이 뒤따랐지만 직장에서 글 쓰는 요령을 비교적 짧은 시간에 터득할 수 있었다.

글을 쓴다는 것은 전문 작가에게도 어려운 작업이다. 마치 김정호가 대동여지도를 그리기 위해 전국 방방곡곡을 발로 걸어다니는 것과 같이 마냥 '많이 읽고, 많이 쓰고, 많이 생각하라' 고 가르친다. 문제는 어디까지 해야 되는지 아무도 모르는데 있다. 이러니 글쓰기 교육이 어려울 수밖에 없는 것이다. 특히 글쓰기에 소질도 없고 관심도 없는 이공계 출신 기술자나 과학자는 더하다. 해답은 없는 것인가?

그러나 글쓰기 방법을 바꾸니 해답이 보였다. 문학적인 글쓰기가 아니라 사무적인 글쓰기를 하면 된다. 글은 아름다워야 하고 읽는 사람의 마음을 움직일 수 있어야 한다고 사람들이 생각하기 때문에 글쓰기가 어려워진다. 이런 문학적인 글은 잘 그린 그림처럼 많은 시간과 노력이 든다. 그러나 그림 대신 약도를 그린다고 생각해 보자. 약도는 누구나 쉽게 그릴 수 있다. 기술자는 바로 그 '약도'를 그리 듯 글을 쓰면 되는 것이다. 기술자가 사무적으로 쓰는 글은 감정에 호소하여 느낌을 전달하는 것이 아니므로 '주요 사실을 알기 쉽고 간결하게' 기술하면 된다. 그렇게 생각을 바꾸고 핵심을 알게 되자 글쓰기가 보이기 시작했다.

나는 기술고시에 합격해 26년간을 과학기술(처)부에서 근무하면서 기술직 공무원들의 보고서 작성이나 보고 요령이 행정직에 비하여 뒤떨어짐을 보았다. 고위직으로 올라갈수록 기술직 공무원의 수가 현저하게 적어지는 현상도 글쓰기나 보고 능력과 결코 무관하지 않다고 생각한다. 현대인은 하루 종일 읽고 쓴다. 그러므로 현대사회에서 의사소통 능력은 곧 경쟁력이 될 수밖에 없는 것이다. 글쓰기를 잘 하지 못해 경쟁력이 약한 이공계 출신 기술자나 과학자를 볼 때마다 나는 안타까운 마음이 들었고, 그래서 '약도 그리듯이 하는 기술글쓰기' 전파에 나섰다.

원자력연구소 감사로 있으면서 나는 연구원들을 위한 글쓰기 강좌를 만들었다. '약도 그리듯이 하는 글쓰기' 방법에 더하여 우리나라 기술자와 과학자가 글을 쓰는데 있어 흔히 범하는 오류를 정리해 4시간짜리 강의를 시작했다. 성과는 놀랄 만한 것이었다. 연구원들이 4시간 수강으로 글쓰기의 두려움에서 벗어나 조금씩 자신을 가지는 모습을 보았다. 글쓰기에 발상의 전환을 역설하는 나에게 그들은 뿌옇게 눈앞을 흐리던 안개가 걷힌 듯 시원한 미소를 던졌다. 여기서 자신을 얻은 나는 이공계 대학생들을 대상으로 한 글쓰기 교육 프로그램을 만들어 영남대학교에서 공대생을 위한 '의사소통기술' 과목을 개설해 강의를 시작하였다. 학생들의 반응은 예상했던 것 이상이었다. 그래서 좀더 체계적인 교육을 위해 웹사이트 '임재춘의 기술글쓰기(www.tec-writing.com)'를 개설해 운영하고 기업에서 특강도 하면서 보다 효율적인 '기술글쓰기' 교육에 정진하고 있다.

미국은 Technical Writing이 단순한 교육 차원에서 머무르지 않고 전문 직업 분야까지 확대하고 있다. Technical Writing이란 '복잡하고 어려운 기술적인 내용을 이해하기 쉽게 표현하는 글쓰기'로 정의하고 있기 때문에 그 대상이 매우 넓다. 직장인이 업무의 일환으로 작성하는 모든 종류의 글로써, 기술자나 과학자가 작성하는 논문, 연구보고서, 기술보고서뿐만 아니라 투자유치서, 제품의 사용설명서에 이르기까지 Technical Writing이 아우르는 범위는 무한하다.

선진국의 엔지니어들이 사회에서 받는 처우를 보며 나를 비롯한 우리나라의 이공계 출신 기술자와 과학자들의 처지를 생각한다. 그들이 글쓰기

에 대한 두려움에서 벗어나 21세기의 진정한 경쟁력을 갖춘 자랑스런 '공
돌이'가 되고, Technical Writing이 국내에서 전문직업 분야로 자리잡는
그날까지 나의 '기술글쓰기' 대한 애정과 집념은 계속될 것이다.

2003년 2월

임 재 춘

목차

제 1 장

글 잘 쓰는 기술자가 성공한다

■ ■ ■

기술자는 왜 글을 쓰는가
인터넷 시대, 글 못 쓰면 결재도 못 받는다
업무의 50%는 글쓰기
글쓰기가 경쟁력인 시대
이제는 Technical Writing도 전문직종이다
기술자는 글쓰기에 소질이 없다
제대로 된 글쓰기 교육을 받은 적이 없다
이공계열, 그 몰락의 이유
약도 그리듯이 쉽게 글쓰기를 하자

기술자는 **왜**
글을 쓰는가

일반 사람들은 의아해 할 것이다. 기술자나 과학자가 왜 '글 쓰는 것' 을 가지고 고민하는가. 기술자나 과학자라면 으레 삭막한 공장이나 연구실 한 구석에 앉아 기계나 현미경을 가지고 씨름하면서 새로운 것을 발명하고, 개발하는 모습을 상상한다. 그런 기술자나 과학자가 책상에 앉아 데스크톱을 마주하고 뭔가를 쓰기 위해 끙끙대는 모습은 쉽게 그려지지 않는다. 하지만 결론부터 말하자면, 그건 너무나도 잘못된 선입관이다.

기술자도 어떠한 기술을 개발하기 위해서는 제안서를 작성하고, 기획안을 내고, 예산을 상정한 후, 상부의 동의를 구해야 개발에 착수할 수 있다. 또 자신의 작업을 계속 보고해야 한다. 그때도 말로 간단히 보고하는 것이 아니라, 연구 개발의 진행 과정을 보고서로 자세히 작성하여 제출해야 한다. 또 개발한 기술의 상용화를 위해서는 그 기술의 개선점, 특징, 활용처 등을 다른 사람들에게 글로써 알려야 한다.

자신의 연구 개발 과정은 그 시작부터 끝까지 글을 통해서 인정받기도 하고, 그렇지 못하기도 하는 것이다. 무형의 것에 대해 그 필요성과 당위성을 주장하는 것은 오로지 글의 몫이다. 또 자신이 개발해낸 기술을 널리 알리는 수단도 글이다. 아무리 획기적인 기술을 개발했다고 해도 그 기술의 진가를 다른 사람에게 알리고 이해시키지 못한다면 무슨 소용이 있겠는가.

예를 들어, 공장자동화에 있어 획기적인 포장 기계 하나를 만들어냈다고 치자. 지금까지는 그 기계로 한 가지 공정밖에 소화할 수 없었는데, 개발해낸 새로운 기계는 한 번에 세 가지 공정을 소화해낼 수 있고, 정밀도도 훨씬 향상되었다. 따라서 제조 시간 단축은 물론, 30%의 원가절감 효과까지 얻을 수 있다.

처음, 그 기계에 대한 아이디어가 떠오르자 기술자는 기계 개발 기획서를 상부에 제출했다. 제대로 작성된 기획서 덕분에 기술 개발에 대한 동의와 지원을 약속받아 개발에 착수한 기계는 크게 성공하였고, 이의 상용화를 위해 관련 중소기업에 기계의 장점과 효율성에 대한 글을 작성·배포하고 홍보하기에 이르렀다. 이때 제품 안내서 역시 제대로 작성되어져 많은 공장들의 호응을 얻었고, 기계는 상용화되기에 이른다. 만약 이러한 과정에서 예산을 따낼 수 있을 만큼, 기획서를 잘 쓰지 못했다면 아무리 좋은 아이디어였더라도 사장됐을 것은 뻔한 일이다.

따라서 고도로 조직화된 현대사회에서는 기술을 개발·상용화하고 연

구 프로젝트를 진행할 때 타인과의 의사소통이 필수불가결하다. 그 의사
소통의 방법 중 가장 정확하고 보편적인 것이 바로 '제대로 쓴 글' 인 것
이다.

인터넷시대,
글 못 쓰면 결재도 못 받는다

이제는 인터넷의 보급으로 회의 및 결재 등 모든 것이 전자시스템에 의해 이루어진다. 한 가지 프로젝트를 추진하기 위해 미팅을 하고, 서류가 하부조직에서 상부조직으로 다시 상부조직에서 하부조직으로 하달되고, 부족한 것은 전화로 다시 의논하고, 또 회의를 하고, 며칠씩 걸려 우편으로 관련 서류를 보내고 받고 하는 것은 너무나 진부하고 부정확한 구시대적인 업무 패턴이다.

바야흐로 인터넷의 시대, 이제는 모든 것이 'man to man'에서 'writing to writing'으로 이루어진다. 말 잘하는 사람이 아니라 글 잘 쓰는 사람의 시대가 온 것이다. 예전에는 말로 자기 생각을 잘 표현하기만 하면 모든 일이 일사천리로 진행되었다. 알맹이가 좀 부족해도 말로 잘 포장하면 그럴듯해 보이는 경우도 많았다. 하지만, 지금은 아니다. 인터넷의 각종 게시판을 통해 사람들은 자기의 생각을 표현하고, 호응을 얻고, 때로는 열띤 사이버 논쟁을 벌인다. 정부기관 및 각종 조직에서도 전자문서를 통해 상하로 의사가 지시·전달된다. 웅변학원, 스피치 학원이 한때 엄청난 인기를 끌었던 것처럼 이제는 말이 아닌 글로 자신의 생각을 잘 표현하고 그래서 상대로부터 의도하는 것을 끌어낼 수 있는 훈련을 받아야 한다.

얼마 전, 동부건설에서 강의 요청을 해왔다. 강의를 들으러 모인 사람들은 180여 명 되는 전국의 건설 현장 소장들이었다. 나는 건설 현장 소장들에게 왜 글쓰기와 관련된 강의가 필요한지 언뜻 감이 오지 않았다. 회사 측에서 설명한 그 이유는 두 가지였다.

하나는 전자결재 제도 때문이었다. 동부건설은 본사와 현장 간의 업무 효율을 높이기 위하여 전자결재 시스템을 구축했으나 '글로써 간결하고 정확하게 의사소통을 하는데 준비가 미흡하다' 는 판단 하에서 사용을 당분간 보류하고 있었다. 또 한 가지 이유는 전자입찰 제도 때문이었다. 정부는 2004년부터 대형 토목공사에 전자입찰 제도를 도입할 예정인데, 이때 입찰하는 회사는 입찰서에 기술의 독창성 등을 간결하게 작성하여 제출해야 한다고 했다. 하지만 토목 현장 기술자는 그 동안 글쓰기와는 인연이 멀었기 때문에 걱정이 많다고 했다. 이제는 현장 기술자가 쓴 글이 돈과 직결되는 시대가 오고 있는 것이다.

이공계를 나온 기술자가 사회에 진출하여 조직생활을 하다 보면 글을 써야 하고, 그 글을 읽는 상사는 도대체 무슨 내용인지 모르겠다고 불평을 한다. 그래도 전에는 얼굴을 맞대고 설명을 하면 상사가 알아들었는데 이제는 인터넷으로 보고를 하라니 죽을 맛이다. 이런 사람들을 위해 강연회를 다니면서 나는 정말 글 잘쓰는 것이 이 사회의, 우리 시대의 가장 중요한 경쟁력이라는 사실을 절감하고 있다.

업무의 50%는 글쓰기

글을 쓰고 그 글을 통해 의사를 정확히 전달하는 일은 정치나 행정에서만 경쟁력을 발휘하는 것이 아니다. 기술자에게도 경쟁력의 핵심 요소가 된다. 왜 그런지 미국의 예를 들어 보기로 하자. 미국에서 실시한 설문조사에 의하면 기술자가 직장에서 보내는 시간 중 적어도 1/3은 쓰기, 편집, 프리젠테이션 준비 등 쓰기와 관련된 일에 소모하고 있다고 한다. 승진할수록 이러한 비율은 더욱 늘어나 중간관리자는 40%, 매니저는 50%가 넘는 근무시간을 '쓰면서' 보낸다. 이렇게 쓰기가 의사소통에서 차지하는 비율이 높으니 직장에서 쓰기가 경쟁력이 되지 않을 수 없다. 특히 '자신의 생각을 명쾌하고 논리적으로 표현할 수 있는 엔지니어는 졸업 후 5년 안에 매니저가 될 수 있다' 고 조사 결과는 밝히고 있다. 이렇기 때문에 미국에서는 직장에 가면 '제출하는 보고서가 곧 승진 청원서'가 될 수 밖에 없는 것이다. 따라서 직장의 초급 간부가 되면 Technical Writing과 프리젠테이션을 반드시 배우게 된다.

다음 표는 미국에서 성공한 기술자 4,000여 명을 대상으로 기술자가 직장에서 필요한 학과목을 조사한 결과이다. 이는 직장생활을 하는데 있어, 기술자에게도 기술 자체와 관련된 능력보다 의사소통능력이 더 필요하다는 것을 단적으로 보여주는 예다.

순위	학 과 목	순위	학 과 목
1	경 영 학	11	컴 퓨 터
2	Technical Writing	12	열 전 달
3	확률과 통계	13	기기사용 및 측정
4	발 표	14	데이터 처리
5	창 의	15	시스템 프로그래밍
6	개인 간 인화	16	경 제 학
7	그룹 간 인화	17	미 분 학
8	속 독	18	논 리 학
9	대 화	19	경제분석
10	영 업	20	응용프로그래밍

특히 정부 연구비를 신청할 때에 제출하는 연구계획서는 비전문가도 이해할 수 있는 형태와 문장이어야 한다. 세금 납부자인 국민이 이해하지 못하는 연구를 국가가 지원할 수 없기 때문이다. 따라서 아무리 훌륭한 내용을 담고 있더라도 연구보고서가 너무 전문적이어서 내용 전달이 되지 않으면 그 보고서는 실패한 것이 되고 책임도 작성자가 져야 한다. 그렇기

때문에 미국은 아예 과학자의 글쓰기 의무(The Code of Ethical Conduct by the Society for Technical Communication)를 규정하고 있는데, 그 내용은 다음과 같다.

새로운 개념의 개발만큼 이것의 전달에도 중요한 의미를 부여하라.

읽는 사람의 시간과 노력이 중요함을 인식하라.

기술적 사실을 진실하고, 명확하면서 경제적으로 전달할 책임이 있음을 인식하라.

글은 논리적으로 차근차근 적어나갈 때 설득력이 있다는 점에서 사물을 논리적으로 분석하는 과학과 닮은 점이 많다. 그런 점에서 위대한 과학자들 가운데 위대한 작가가 많은 것은 하나도 이상할 것이 없다. 다윈이 5년 동안 남미와 갈라파고스를 둘러보고 쓴 '비글호의 항해' 는 생생한 묘사로 문학사의 고전으로 꼽히고 있으며, 진화론을 체계화한 '종의 기원' 은 판매되자마자 매진된 베스트셀러였다. '이기적 유전자' 를 쓴 리처드 도킨스나 '시간의 역사' 를 쓴 스티븐 호킹도 베스트셀러 작가의 반열에 오른 인물들이다.

글쓰기가 **경쟁력**인 시대

이제 글쓰기는 기술자 개개인의 경쟁력 차원을 넘어 기업의 생존 차원까지 확대되고 있다. 제품의 사용설명서를 예로 들어 보자. 지금까지 제품의 사용설명서는 한결같이 이해하기 어려웠다. 우리나라는 그동안 기술을 수입에 의존하였기 때문에 사용설명서는 주로 외국 매뉴얼을 번역한 것이었다. 그러나 번역이 엉터리로 되어 있어서 무슨 말인지 이해하기 어려워도 문제를 제기하는 사람이 하나도 없었다. 그러다 보니, 새로운 제품을 사용하면서 제품설명서는 아예 읽어볼 생각도 안 하고, 자꾸 사용법을 묻는다. 사용설명서나 제품설명서를 잘 읽어보라고 해도 알았으니까 간단한 것만 좀 가르쳐달라고 한다.

그러나 이러한 상황도 변하고 있다. 우리나라가 최초로 기술을 개발하여 수출하는 제품이 생기면서 우리가 사용설명서를 만들어야 하는 상황에 직면하게 된 것이다. CDMA 무선전화통신기술이 그 첫 번째 예이다. 보고 참고할 매뉴얼이 없으니 이 작업이 만만한 일이 아니다. 삼성전자도 이를 위해 Technical Writing 전문 부서를 운영하고 있으나 어려움이 많다고 한다. 개발을 담당한 연구원이 기술을 설명하는 요령도 부족한데다 국내의 매뉴얼 작성 기술의 수준이 낮아 기술 수입국으로부터 많은 문의가 오고 있는 실정이다. 두 번째 예는 S/W의 사용설명서이다. 벤처회사가 S/W를 개발하면 정보통신진흥원으로부터 인증을 받아야 하는데, 그때 제출하는 사용설명서의 내용을 읽는 사람이 이해할 수 없어서 거절당하는 경우가 허다하다고 한다.

특히 이러한 사용설명서는 이제 법적인 제재를 받게 되었다. 2002년 7월부터 우리나라도 제조물책임법(Product Liability; PL법)이 발효되어, 소비자가 사용설명서를 잘못 이해하여 입게 되는 손해도 제조업자가 책임을 지게 되었다. 미국과 일본도 PL법이 발효되자 사용설명서를 전문적으로 쓰는 매뉴얼 제작 업종이 급속히 성장하기 시작하였다.

제품의 사용설명서 이외에도 기업의 경쟁력을 좌우하는 글쓰기 분야는 많다. 한 가지 더, 투자유치서를 예로 들어 보자. 예전에는 '묻지마 투자'이니까 상관이 없었으나 요즈음은 상황이 바뀌었다. 벤처의 진정한 경쟁력은 기술에서 나오는 것이므로 투자자의 기술에 대한 정확한 이해 없이는 자금 확보가 어려운 것이다. 이를 위해 누가 보아도 이해할 수 있도록 투자유치서를 쓰는 것도 아주 중요해졌다.

이제는 Technical Writing도
전문직종이다

직장에서 의사소통 능력이 중요한 경쟁력이고, 글 잘 쓰는 기술자나 과학자가 성공을 하기 때문에 미국은 공대에서 Technical Writing이나 프리젠테이션을 '공학교육인증제'의 일환으로 필수 과목으로 가르치고 있다. 작문 책인 'The Elements of Style(Strunk & White)'은 지난 40년간 미국 MIT 공대생들의 베스트셀러였다. '글은 간결하고 짧게, 문장은 단문으로, 수동형은 피하고, 불필요한 단어는 무조건 빼라'는 이 책이 세월을 초월해 각광을 받고 있는 것이다.

우리나라의 Technical Writing은 미국에 비하면 아주 초기 단계에 있다. 과학자나 기술자가 작성하는 논문, 연구보고서 및 기술보고서 쓰기만

을 대상으로 하기 때문에 미국처럼 직장에서 작성하는 보고서나 투자유치
서까지 포함하려면 아직도 멀었다. 그러나 제품의 사용설명서가 PL법에
포함되고 우리가 개발하는 기술이 늘어남에 따라 앞으로 이 분야도 전문
직종으로 자리를 잡을 전망이다.

Technical Writing 분야가 전문 직종으로 자리를 잡으려면 이에 대한
교육과 훈련이 이루어져야 하는데 아직은 전무한 상태이다. 대학에서 인
문·사회과학 분야로 진출하는 학생은 그래도 의사소통에 관심을 가지고
실력을 배양할 기회가 있으나 기술을 전공하는 공과대학 학생은 의사소통
분야에는 전혀 관심을 기울이지 않고 있다. 공대생들이 분석과 분해에는

미국의 '공학교육인증제'

그 동안 미국의 공학 교육이 산업 현장에서 필요로 하는 지식을 제
대로 지원하지 못하여 산업계의 불만이 높았다. 기업은 사내 재교육
을 통하여 공대 졸업자를 다시 교육을 시켜야 하는 부담을 안고 있
는 것이다. 미국은 이러한 공학 교육 문제를 해결하기 위하여 미국
공학교육인증원(ABET : The Accreditation Board for
Engineering and Technology)을 설립하고 교육의 인증제도를
실시하고 있다. 미국 공과 대학의 95%가 이 인증제도에 참여하고
있으며 캐나다, 호주, 영국 등 약 30개국과 협조하여 이 인증을 받
은 대학 졸업자를 국가에 관계없이 1급 엔지니어로 상호 인정하는
시스템을 구축하고 있다. 대학이 인증을 받기 위해서는 공대생에게
'효과적인 의사소통능력'을 배양하여야 한다.

강해도 통합과 표현에는 약하기 때문에 우리나라도 미국처럼 공대생에게 의사소통 기술을 반드시 함양시켜야 한다.

다행히 우리나라도 의사소통 기술을 키울 수 있는 '공학교육인증제'를 도입하고 있으나, 아직은 시행 초기 단계라 적은 수의 학교만이 참여하고 있다.

한국의 '공학교육인증제'

우리나라도 공학 교육이 산업 현장에서 필요로 하는 지식을 제대로 지원하지 못하여 산업계의 불만이 높다. 기업 인사담당자 300명에게 설문한 조사에 의하면 기업이 필요로 하는 지식의 26 % 만을 대학이 제공하고 있다고 한다. 대학이 제공하는 실용 전문 지식이 없으니 일반적인 태도나 품성, 의사소통 능력을 보고 인재를 뽑을 수밖에 없는 것이다. 기업은 이들을 뽑아 사내 재교육을 시키는데, 통계에 의하면 그 비용이 연간 2조4천억에 달한다고 한다. 산업자원부는 이러한 문제점을 해소하기 위해 교육부와 함께 한국공학교육인증원(ABEEK : The Accreditation Board for Engineering Education for Korea)을 설립하여 인증제도를 실시하는 한편, 산업 현장의 경영자를 CEO 객원교수로 공대에 파견하고 있다. 2000년에 영남대학교와 동국대학교가 이 인증을 받았고 2003년에 3개교, 2004년에 5개교가 추가로 받을 예정이다.

기술자는 글쓰기에 소질이 없다

이공계 출신 기술자는 글쓰기에 소질이 없다. 그것은 첫째, 계산과 공식에 익숙하다 보니 글로서 표현하는데 아무래도 서툴기 때문이다. 거기에다 기술자는 단순하고 순수한 편이어서 하나의 문제에 하나의 해답만이 있다고 생각하는 경향이 강하다. 또 불변의 진리인 자연의 법칙을 공부하다 보니, 사소한 표현의 맞고 틀림에는 자꾸 무뎌진다. 말 한마디에도 정말 천냥 빚이 오가는 마케팅 같은 분야와는 접근방식이 너무 다른 것이다.

둘째, 기술자는 의사소통에서 가장 어려운 것이 전문가가 비전문가에게, 부하가 상사에게 전달하는 경우라는 사실을 잘 이해하지 못한다. 보통 전문가끼리, 동료끼리만 의사소통을 하는 것처럼 생각하기 때문에 자신이 쓰기 편리한 전문용어나 약어를 남용한다.

프레임(frame)의 뜻만 해도 '1.(자동차)뼈대, 2.(선반)대, 3.(창)틀, 4.(사진)화면, 5.(전자)정보단위, 6.(볼링)회, 7.(제도)체제' 등 다양하다. 기계 전공자가 '자동차 뼈대'를 지칭하여도 전자 전공자는 '정보 단위'를 연상하게 되는 것이다. 공대를 나오지 아니한 그의 상사는 어쩌면 '볼링'을 생각하고 있을지도 모를 일이다.

셋째, 글쓰기에는 별도의 교육과 훈련이 필요하지 않다고 생각한다. 이것은 손가락만 있으면 피아노가 저절로 연주된다고 착각하는 것과 마찬가지다. 신문기자도 자신이 쓴 기사를 편집실에서 가필하지 않아도 되기까지 6, 7년이란 긴 시간이 소요되는데, 이렇게 어려운 글쓰기에 대해 기술자들은 최소한의 노력도 기울이지 않고 있다.

상황이 이러하다 보니, 우리나라 이공계 출신 기술자는 직장에서 글을 잘 쓰지 못한다. 상사로부터 매번 지적을 받아 글쓰기가 아예 두렵기조차 하다. 요즈음은 대학 입시에 논술이 포함되어 그나마 글을 논리적으로 쓰는 방법을 배울 기회가 있으나 예전에는 그러한 제도도 없었다. 뒤늦게 배우고 싶어도 가르쳐 줄 곳도 없다. 그러다 보니 기술자가 직장에서 쓴 글들은 대부분 이해하기가 어려워, 결재권자는 기술자가 올리는 보고문을 보고 한결같이 내용 파악에 답답함을 호소하고 있다. 특히 요즈음에는 최고 경영자가 회의를 통하여 논의하던 업무를 전자 메일로 하는 경우가 많아졌는데 기술적 간부가 올리는 글이 관리직에서 올리는 글에 비해 너무 형편없어 짜증이 날 정도라고 한다.

언론에서도 과학 관련 기사작성의 어려움을 피력하고 있다. 두 기자의 하소연을 들어보자.

국민 지지를 받지 못하는 과학 기술 〈한국일보 김희원〉

과학부 기자로서 연구자를 자주 만나는데 어쩌면 그렇게도 대화가 통하지 않을까? 마치 〈해리가 샐리를 만났을 때〉라는 영화 내용 같다. 한 명의 기자를 이해시키지 못하는 연구자가 어떻게 정책 입안자에게 그 연구의 중요성을 알릴 수 있을까. 정책 입안자를 설득하는 방법은 바로 국민에게 이 연구가 중요하다는 것을 알리는 것이다. '일반사람들이 이렇게 어려운 연구내용을 뭘 알겠어'라고 생각한다면 오산이다. 사람들은 단순하지만 미래를 볼 줄 안다. 대중에게 과학적 관심을 불러일으키는 것, 이를 위해 대중적 용어를 구사할 줄 아는 것은 과학자들의 책임이다.

골치 아픈 과학 기술 〈SBS 이찬휘〉

이제까지 연구 내용을 쉽게 기자에게 설명하는 과학자를 한 명도 보지 못했다. 한 번은 어떤 연구소에서 '디셀포비브리오로 폐수 속 중금속의 침전성공'이라는 보도자료를 냈다. 우리 국민 가운데 '디셀포비브리오'균을 아는 사람이 몇 명이나 있겠는가. 남이야 알아듣든지 말든지 이런 보도 자료를 내놓는 과학자가 답답할 뿐이다. 이 보도자료를 가지고 신문과 방송은 사람들이 잘 이해할 수 있도록 다음과 같이 제목을 고쳤다.

'광산 폐수 미생물로 정화' (신문)

'중금속 먹는 세균 발견' (방송)

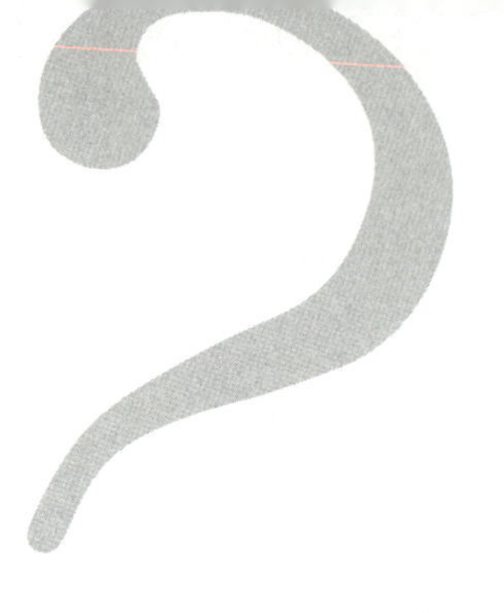

제대로 된 글쓰기 교육을 받은 적이 없다

1980년대, 미국에서는 사회과학자들의 글쓰기 문제가 사회적 이슈로 제기되기 시작했다. 그리고 그들은 글쓰기에 대한 철저한 고민과 훈련을 통해 많은 업적을 이뤄냈다. 오늘날 한국의 지식인들이 부러워하고 있는 미국 학자들의 명료하고 논리 정연한 글들이 본래부터 그러했던 것은 아니라는 것이다. 1990년대부터는 자연과학, 응용과학 분야에서도 글쓰기에 대한 교육의 필요성이 인식되기 시작했다. 따라서, 현재 미국의 거의 모든 대학에는 Technical Writing 강의가 개설되어 있다.

우리나라의 경우, 1990년대에 들어 대학입시에 논술이 포함되고 지식인들 사이에 글쓰기에 대한 반성이 이루어지기 시작했다. 그러나 대학의 열악한 현실 때문에 제대로 실효를 거두지 못하고 있다.

인문·사회 계열은 그래도 학교에서 의사소통이나 글쓰기에 대한 강의를 접할 수 있는 기회가 많으나 이공계는 그렇지 못하다. 공대에 진학하면 교양 과목으로 1년간 글쓰기를 배우게 되는데 대학 작문 교재라는 것이 너무 두꺼워 보기만 해도 질릴 정도이다. 보고서 작성법이나 논문 작성법은 글의 형식에 많이 치우쳐 있어 글을 쓰는데 별로 도움이 되지 않을 뿐더러 이러한 글쓰기 교육이 그렇지 않아도 글쓰기에 관심이 적은 공대 학생을 글쓰기에서 더욱 멀어지게 하고 있다. 직장에서는 아예 글쓰기 교육이란 것조차 없다. 시간이 많이 걸리고 마땅한 교육 프로그램이 없기 때문이다.

우리나라 공대에서 실시되는 영어 글쓰기 교육도 큰 실효를 거두지는 못하고 있는 것 같다. 서울 공대는 지난 1998년부터 방학기간을 이용해서 1주 동안 Technical Writing 분야의 최고급 교수를 미국에서 초빙하여 영어 논문 쓰기 강좌를 개설하고 있다. 미국에서는 초등학교 때부터 체계적인 글쓰기를 가르치고 중·고등학교에서는 학생들이 많은 'Essay'를 쓰도록 훈련하고 있기 때문에 고등학교 졸업자들은 글쓰기의 기본이 갖추어져 있다. 따라서 대학 교육은 주로 'English Style'에 초점을 맞춘다. 이 교수가 미국에서 가르치는 대로 한국에서도 'English Style' 위주로 강의를 했기 때문에 글쓰기의 기본이 되어 있지 않은 우리나라 학생들에게는 효과가 크지 않는 실정이다.

이공계열, 그 몰락의 이유

우리나라에서는 이공계 출신이 너무 푸대접을 받고 있다고 불만의 소리가 높지만, 사실 그 책임의 상당 부분은 글쓰기 실력이 나빠 의사소통 능력이 부족한 자신들에게 있다고 보아야 할 것이다. 우리 사회에서 봉급을 기준으로 본 사회적 경쟁력은 기술분야가 최하위이다. 금융이나 경영분야가 좀 높고, 외교, 언론 및 정치분야는 경쟁력이 월등하다. 뒤로 갈수록 의사소통 능력이 뛰어난 것을 보면 의사소통과 사회적 경쟁력은 비례한다고 볼 수 있겠다.

우리 사회에서 기술자가 담당해야 할 기술 경영, 기술 외교, 기술 언론 및 기술 정치를 비기술 분야에서 담당하는 것도 기술자의 의사소통 능력이 부족하기 때문일 것이다. 이공계 출신의 옹알이는 집 밖에 나서면 아무도 들어 주지 않기 때문에 그만큼 과학기술의 경쟁력이 손상을 받을 수밖에 없다. 기술자가 푸대접을 받고 안 받고는 개인의 문제지만, 기술이 천시를 받으면 결국은 우리나라의 경쟁력에까지 큰 영향을 미치게 된다.

약도 그리듯이 쉽게 글쓰기를 하자

글쓰기에 소질이 없는 기술자가 제대로 글쓰기를 배울 수도 없다면 어떻게 해야 하나. 속수무책으로 글쓰기를 두려워만 해야 하나. 그건 아니다. 공부 방법을 바꾸면 된다. 이제까지 글쓰기가 어려웠던 것은 글은 잘 쓰려고 했기 때문이다. 글을 잘 쓰려면 그림을 잘 그리는 것과 같이 많은 시간과 노력이 든다. 사실 잘 쓴 글은 감정에 호소하는 '느낌' 을 전달하는 글로써 사무적인 글에는 부적절한데, 기술자가 이러한 글을 쓰려고 하니 문제가 되는 것이다. 그림 대신 약도를 그리면 된다. 기술자가 사무적으로 쓰는 글은 '주요 사실을 알기 쉽고 간결' 하게 적으면 된다. 그러니까, 아름다움을 추구하려고 색상, 명도, 채도 등을 다 고려한 복잡하고 어려운 그림을 그리는 것이 아니라 '간략한 약도' 를 그리는 것이다.

이것은 사실 이공계 교육을 받은 사람들의 성향에 잘 맞는 일이기도 하다. 이공계에서 가장 많이 쓰이는 공식은 가장 간결한 것이다. 추론 과정이 몇 백 페이지에 달하는 복잡한 계산과정, 혹은 분석과정을 얼마나 간단한 식으로 표현할 수 있는가가 공학의 핵심이다. 같은 내용과 가치를 가졌을 때, 우수한 분석식이란 가장 간단한, 최소의 숫자와 기호로 표현된 식인 것이다.

약도를 그릴 때는 우선 방향을 정한다. 다음은 목표를 표시한 후 큰 길 몇 개로 구도를 잡아 찾아가는 길이 막힘이 없이 진행되도록 한다. 마지막으로 큰 건물 몇 개만 간결하게 표시한다. Technical Writing도 비슷한 원리이다. 상대에게 방향을 맞춘 후에 주제를 정하고 문단 몇 개로 구도를 잡아 논리가 순조롭게 흘러가도록 한다. 글도 꼭 필요한 사항만 간결하게 표현한다.

읽는 사람을 고려한 글쓰기

약도를 그릴 때는 제일 먼저 방향을 정하는데, 항상 북쪽을 위에 두고 기준을 삼는다. 이와 같이 글을 쓸 때도 방향을 정하는데 상대방을 기준으로 삼는다. 아마추어는 자신이 하고 싶은 이야기를 적지만 프로는 상대가 알고 싶어 하는 정보를 전한다. 글을 쓰는 목적은 남에게 읽히는 것이다. 어떤 경우에도 고객을 왕으로 모셔야 훌륭한 기업이 되듯이, 철저하게 읽는 사람 위주로 써야 좋은 글이 될 수 있다. 쓰는 것뿐만 아니라 의사소통에서 가장 중요한 것이 상대방을 위주로 하는 것이다. 자신을 중심으로 할수록 그 만큼 경쟁력이 없어지는 것이다.

다음 예를 보자. 지난 2002년 대선에서 노무현-정몽준 후보의 후보 단일화를 위한 TV 토론에서 두 후보의 답변 방식은 매우 대조적이었다.

정 후보 : 충분한 검토 없이 행정수도를 충청권으로 이전하겠다는 발표가 바람직하다고 보십니까?

노 후보 : 행정수도 이전은 오래 생각한 것이고, 꼭 필요하고, 가능한 것입니다. 이미 75년과 83년에 검토되었는데 국토의 중앙인 충청권이 가장 유력한 후보지로 조사되었습니다. 행정수도 이전이 왜 필요하냐 하면 수도권 과밀로 인해 교육, 환경, 교통 문제와 집 값 폭등으로 서민이 엄청난 고통을 받고 있기 때문입니다. 지방발전 측면에서도 바람직하여 모두에게 좋은 것입니다.

노 후보 : 정 후보는 교육부폐지를 주장하시지요?

사회자 : 이번에는 답변에 시간을 꼭 지켜주시기 바랍니다.

정 후보 : 교육부 이상주 부총리는 울산대학교 총장을 지냈고 저는 이사장을 맡고 있어서 잘 아는 사이인데 교육부를 제가 폐지하는 것으로 알려져 개인적으로 그분에게 송구스럽게 생각합니다. 교육부는 평가와 정보 제공 기능을 맡고 교육의 실질적인 권한은 지방자치 단체와 학교에 주자는 것입니다.(1분 시간 초과) 교육부를 폐지하자는 것이 아닙니다. 교육감도 주민 직선에 의해 뽑는 것이 바람직합니다.

두 후보의 연설을 비교해 보면 노 후보는 결론부터 간명하게 이야기한 후 보충 설명을 덧붙인 반면, 정 후보는 질문에 대한 답변을 배경 설명으로 시작하였다. 자세하다 못해 장황하기까지 하다 보니 늘 시간을 초과하였고 결론에 해당하는 답변은 마지막에 시간에 쫓기어 나왔다. 과연 어느 후보가 토론을 잘 했을까?

나는 노 후보가 토론을 잘했다고 생각한다. 질문에 대한 답은 듣는 사람이 가장 궁금하게 여기는 것부터 해야 한다. 그렇지 않으면 듣는 사람이 답답하게 여기게 되기 때문이다. 듣는 사람이 배경을 궁금하게 여기지 않는 한 배경부터 이야기해서는 안 된다. 배경은 이미 알고 있는 사항에 대하여 그 근거를 알고자 할 때에나 필요한 것이다.

글은 읽는 사람이 누구냐에 따라 그 내용이 달라야 한다. 읽는 사람의 지위에 따라 관심사가 틀리기 때문에 거기에 맞추어야 하고, 읽는 사람이 가지고 있는 지식의 배경이나 개인적 성향에 따라서도 글이 바뀌어야 하는 것이다.

결재권자는 결론에 관심이 있다

실무자, 중간관리자 및 결재권자는 각기 관심 사항이 다르다. 높은 관리자일수록 결론, 전체적인 경향, 가격이나 민심에 관심이 많은데 비하여 대부분의 실무자는 자신이 한 일을 시간 순으로만 작성한다. 따라서, 보고자는 각자 자기의 관심은 접어 두고 결재권자가 원하는 정보를 제공해야 한다. 다음 글은 실무자가 작성한 보고문이다.

공작실 난방밸브가 파손되었다. 제조회사에 연락을 하였으나 그 회사는 이미 망하고 없었다. 전국의 중고품 상회를 전부 뒤졌으나 실패하고 결국은 자체에서 임시방편으로 제작하여 설치하였다. 이틀 동안 공작실이 추워서 혼이 났다. 워낙 오래된 시설이라 고장만 나면 쉽게 수리할 수가 없다. 대책이 필요하다.

위 보고를 받은 중간관리자는 보고서가 마음에 들지 않는다. 중간관리자의 관심사는 주로 배경이나 문제점이기 때문이다. 특히 책임이 따르는 사안일수록 배경과 문제점에 더욱 신경을 쓰며, 거기에 더해 자신의 역할도 강조하고자 한다. 다음과 같이 보고서를 수정한다.

공작실 건물은 71년에 지어져 매우 낡아 난방기기의 고장이 잦다. 이번에도 고장이 나서 직원의 고생이 심했다. 에너지관리공단에 알아봤더니 건물주가 낡은 건물을 수리하여 에너지효율을 높이는 경우에 공사비의 전액을 융자하여 준다고 한다. 공사가 끝나면 매년 2천만 원의 연료비가 절약된다. 따라서 이른 시일 내에 건물개조공사가 필요하다.

잘 쓴 보고문이다. 문체도 간결하고 내용도 명확하다. 그러나 이 보고문에도 개선의 여지는 있다. 상급 관리자일수록 중요한 사항에 관심이 많기 때문에, 결론이나 해결책을 먼저 알려줘야 한다. 상급 관리자는 또, 직원들의 사기문제에 대해서도 많은 관심을 가지므로 다음과 같은 보고문이라야 한다.

공작실 건물은 매우 낡아 당장 보수가 필요하다. 보수비는 에너지관리공단의 융자로 해결할 수가 있고 융자비 상환은 연료비의 절약으로 해결할 수가 있다. 이번에도 난방밸브가 고장이 나서 직원들의 불만이 높았다.

다음의 예문은 실무자가 보고자 위주로 쓴 전형적인 보고문이다. 자신이 일을 추진한 순서대로 글을 적고 있다. 이 보고문을 연습 삼아, 보고 받는 사람 위주의 보고문으로 고쳐 보자. 색깔이 들어간 부분은 설명이 틀리고 뜻이 모호한 부분임으로 상당한 주의가 필요하다.

보고자 위주의 보고문

지방공장의 문제를 해결하는 대안은 2가지였다. 첫 번째 대안은 새로 구멍을 뚫어 추가공급설비를 갖춤으로써 현재와 앞으로의 문제에 충분한 대비를 갖추는 것이었다. 두 번째 대안은 지적한 문제에 대비해 추가공급설비와 저장설비를 갖추는 것이었다. 불행히도 공장의 남서쪽 지하수맥을 조사한 컨설팅 회사에 의하면 비록 공장 전체 지하수는 수요를 충당하나, 수량이 적어, 두 우물 사이의 간섭을 피하기 위하여 충분한 격리가 필요하다고 한다. 이런 경우에 현재의 공급설비를 가장 효율적으로 활용할 방안, 즉 현재의 공급설비를 저장설비와 관련을 짓는 방안이 강구될 수 있다. 이렇게 해서, 현재의 공급설비는 일일 평균 소요량을 담당하고 저장설비는 첨두부하(peak)와 방화수를 담당하는 것이다. 결론적으로 앞에서 제시한 두 번째 대안이 보다 바람직한 것으로 결정되었다.

실무자가 작성한 위의 보고서는 이해하기가 어렵다. 우선 내용이 정확하지 않아 읽는 사람이 혼란을 느낀다. 특히 두 번째 대안이 잘못 정의되어 있다. 결론은 저장설비를 추가로 설치하는 것인데 그 내용과는 다르게 추가공급설비와 저장설비를 갖추는 것이라고 적고 있는 것이다. 다음은 '수량이 적어'가 구체적으로 무엇을 의미하는지 분명하지 않아 혼란을 가중시킨다. '추가공급설비를 갖출 경우에는 기존 우물의 수량을 감소시켜'

라고 바꾸면 뜻이 훨씬 명확해질 것이다. 고친 내용을 아래의 보고문과 비교해 보자.

보고받는 사람 위주의 보고문

지방공장은 시급히 해결해야 할 물 문제를 가지고 있다. 최선의 해결책은 현재의 공급설비에 새로운 저장설비를 추가하는 것이다. 현재 우리는 일일 평균 소요량을 취급할 수 있어 새로운 저장설비는 첨두부하와 방화수를 담당할 수 있다. 이번 조사에서 우리는 현재와 미래의 수요를 충족시키기 위하여 새로운 공급설비를 개발하는 방안을 고려하였다. 그러나 이 대안은 거절되었다. 컨설팅회사가 지하수맥을 조사한 바, 추가공급설비를 갖출 경우에는 기존 우물의 수량을 감소시켜, 새로운 우물이 멀리 떨어져야 하는 문제가 있었기 때문이다.

한 가지의 자료로 구성원 전체에 대해 설명하는 것은 지극히 자기중심적인 사고방식이다. 새로운 제도를 도입할 때에 최고 경영자에게는 설득력(persuasive)에, 중간관리자에게는 설명(explanatory)에, 실무자에게는 교육(informational)에 중점을 두는 자료를 각각 준비하여야 한다.

내가 사무관으로 공무원을 시작할 때, 사무관은 정책만 다루는 줄 알았다. 막상 일을 해보니 하는 일의 대부분이 보고자료 만드는 것이었다. 장·차관 및 국·과장이 자주 바뀌어 그때마다 새로 보고해야지, 국회에 자료 제출해야지, 기자에게 보도자료 내야지, 민간단체에 설명자료 보내야지……, 보고로 일을 시작하고 보고로 일을 마치는 셈이었다. 게다가 대부분의 보고는 동일한 정책 내용을 대상에 따라 조금씩 다르게 작성해야

했다. 이렇듯 국가 정책에 관심을 가진 단체들과 의사소통을 원활히 하는 것도 정책개발 못지않게 중요한 공무원의 업무 중의 하나였다.

개인적인 취향이나 관심사도 자료 작성에 영향을 미친다. 카터 대통령은 상세한 보고서를 선호한 반면, 레이건은 간략한 결론만을 요구하였다. 또 클린턴은 주요 내용을 전부 포함하되 한 장내지 두 장에 요약할 것을 요구하였다고 한다.

자신의 얘기를 **장광설**로 늘어놓지 말자

업무와 관련된 글을 쓰는 것은 상대에게 필요한 정보를 알리기 위함이지 자신의 고생이나 박식함을 드러내기 위함이 아니다. 결재권자가 잠시 관심을 보였을 때, '이때다' 하고 자기의 전공 분야에 대해 신나게 떠드는 직원 치고 그 다음에도 보고의 기회가 주어지는 경우는 거의 없다.

똑똑한 사람은 상대가 원하는 정보에 치중한다. 할아버지 고생담도 사탕이 주어질 때나 손자가 마지못해 듣는 체 하는 법이다. 친한 친구의 고생담도 공짜 맥주일 때 듣는 시늉 정도라도 하는 것이지, 자신이 술을 사면서 남의 고생담을 듣지는 않는다. 읽는 사람이 까다로운 상사라는 점을 항상 염두에 둔다면 어떤 내용으로 글을 써야 할지는 자명해진다.

자신이 좋아하는 내용이나 소모한 시간과 비례하여 글의 분량을 늘리는 것이 사람들의 일반적인 경향이다. 그러다 보니 개인적으로 고생한 내용이나 애착이 가는 내용은 길어지게 마련이다. 그러나, 읽는 사람에게 동일한 비중을 갖는 내용이 아니면 과감하게 생략해야 한다.

어느 대학교수의 하소연을 들은 적이 있다. 그 교수는 강의하는 것보다 박사과정에 있는 학생들의 논문을 지도하는 것이 더 어렵다고 했다. 한 번은 학생이 실험 결과와 관련이 적은 내용을 논문에 잔뜩 적어 왔기에 그 부분을 빼는 것이 좋겠다고 했더니 그 학생이 이렇게 말했단다. "교수님, 제가 이 부분에서 얼마나 고생한지 아십니까. 이 부분을 빼느니 차라리 제목을 빼십시오." 그렇지 않아도 문장 하나 고치는데 학생과 30분씩 씨름을 해야 하는데 이 정도가 되면 전신에 힘이 쭉 빠져나간다고 했다. 항상 읽을 사람부터 생각하고, 자신이 왜 글을 쓰는지에 대해, 글의 효용성에 대해 끊임없이 되뇌이면서 경제적인 글을 쓸 수 있도록 정신의 고삐를 늦춰서는 안 된다.

어려운 전문용어, 역시 어렵다

직장에서의 의사소통은 어려운 것이다. 그 중에서도 가장 어려운 것이 전문가의 비전문가에 대한 의사소통일 것이다. 특히 불특정 다수의 일반인을 대상으로 하는 언론에 낼 보도자료나 제품의 사용설명서를 적는 것은 쉽지 않은 일이다.

기술자는 자신의 전공분야를 동료에게 이야기하듯이 해서는 알아듣는 사람이 몇 명되지 않는다는 사실을 명심하여야 한다. 그렇기 때문에 신문의 경우에는 독자의 수준을 통상 중학교 2학년생 수준으로 간주한다. 보고 받는 자의 학력이 아무리 높아도 자신의 전공과 다를 경우에는 중학교 2학년생을 상대하는 것과 비슷하다는 것이다. 그러므로 전문용어나 어려운 기술적인 내용은 그들이 알아들을 수 있는 말로 변환하는 노력이 꼭 필요하다.

　〈1〉 원전 1차계통 또는 핵증기공급계통
　　→ 보일러 대신 핵분열에서 생기는 열로 증기를 발생시키는 계통
　〈2〉 모유성분인 락토페린을 생산하는 젖소 탄생(보도자료)
　　→ 젖소가 모유 생산(신문)

앞의 예문에서 '원전 1차계통' 및 '락토페린' 과 같은 용어는 동일 전문가 집단만이 알아들을 수 있는 용어이다. '락토페린' 에 대해 담당 과학자는 애착이 많이 가겠지만 그 과학자의 부인만 해도 그 이름을 알지 못할 것이다. 그러니 신문에서는 '젖소가 모유생산' 으로 표기하게 된다. 전문 집단이 과학적인 내용을 외부에 전달할 때에는 자신이 기자의 입장이 되어 표현방식을 어떻게 하는 것이 효과적인지 고민해 보는 것도 좋은 방법이다.

또, 내용이 너무 전문적이어서 전달이 어려우면 적절한 비유를 사용해야 한다. '돌비' 시스템을 처음 만든 기술자가 이 시스템을 소개하는 자리에서 한마디로 '잡음을 걸러 주는 음향 장치' 라고 정의하여 누가 들어도 쉽게 이해할 수 있도록 설명한 예도 있다. 이와 같이, 다음과 같은 보도자료는 적절한 비유를 써야지만 쉽게 이해가 된다.

자유전자레이저는 레이저기술과 가속기기술이 결합된 새로운 개념의 레이저로

넓은 범위에서 연속적으로 파장을 변화시킬 수 있고 기존레이저로 얻을 수 없는 파장도 쉽게 발생시킬 수 있기 때문에 '차세대 레이저' 로 각광을 받고 있다.

이 기사를 읽은 독자는 왜 이 기술이 '차세대 레이저' 로 각광을 받을 만큼 획기적인 기술인지 이해가 되지 않는다. 따라서, 다음과 같은 적절한 비유가 사용되어야 한다.

이를 라디오에 비유해 보면 이제까지의 레이저는 AM 주파수 몇 개만 한정적으로 사용할 수 있었는데 반하여 자유전자 레이저는 AM과 FM 주파수 전체를 마음대로 사용할 수가 있기 때문이다.

비유에 관한 한 최고의 스승은 예수와 석가이다. 예수의 경우, 아무도 보지 못한 하늘나라를 목동에게는 '잃어버린 한 마리 양의 비유' 로, 아버지에게는 '탕자의 비유' 로, 농부에게는 '가라지의 비유' 로 설명하였다. 석가도 득도를 하고 난 직후에 제자들에게 많은 설법을 하였으나 그들이 알아듣지 못하자 그 이후로는 아주 쉬운 비유를 사용하였다. 예수나 석가보다 더 위대한 성인도 많았지만 그들은 대중을 이해시키지 못해 역사 속에 묻혀 버렸다. 적절한 비유를 찾아내는 것은 쉽지 않다. 일반인이 이해하기 어려운 기술이나 연구일수록 더욱 그렇다.

다음은 '힉스입자' 에 대한 비유를 찾아내기 위해 고심한 내용이다.

스위스는 힉스 입자 발견을 목표로 둘레가 27Km나 되는 초대형 입자가속기를 2006년에 완공한다. 우주의 근본 원리를 설명하는 '표준 모델'은 힉스 입자를 비롯해 쿼크, 타우 입자, Z 입자 등 기본 입자를 예견하였다. 그리고, 지금까지의 실험을 통해 힉스 입자만 남기고는 다 찾아냈다. 힉스 입자를 발견하지 못한 것은 양성자보다 2백 배 이상 무거워 초대형 가속기가 필요하기 때문이었다. 힉스 입자는 다른 기본 입자들의 질량을 결정하는 역할을 하는데, 1993년 영국 과학부장관은 '힉스 입자의 작용을 쉽게 한 페이지로 설명하기' 공모를 했다.

다음은 당선작의 요지이다.

'방안에 사람들이 가득 차 있고 당신이 이 방을 가로지른다고 가정하자. 빼빼라면 힘 안들이고 방을 빠져나갈 수 있다. 그러나 뚱뚱한 사람이라면 이리저리 부딪히며 힘겹게 나아갈 것이다. 만일 이 방에 동창들이 모여 있고, 당신이 몇 년 만에 모습을 나타냈다면 악수하고 껴안고 하다 방을 나서면 완전히 지쳐버릴 것이다. 여기서 방을 가로지르는 사람이 쿼크 등 기본 입자이고 방을 가득 채운 사람들이 힉스 입자이다. 움직이는 입자에 상호작용을 많이 일으킬수록 그 입자의 질량이 커지는 것이다.'

읽는 사람을 궁금하게 만들지 말라

원자력연구소는 멍게 껍질을 이용하여 식물성 식이섬유를 개발하였다. 멍게는 동물이면서 유일하게 식물성 껍질을 가지고 있어 이 껍질에서 식이섬유를 추출하였다. 이 식이섬유는 일반 식이섬유와는 달리 식품에 첨가되어도 맛이 거칠어지지 않아 가공식품에 첨가하여 건강에 좋은 제품을 만들 수 있다. 또한 어촌에서 발생하는 멍게 껍질 쓰레기를 식품으로 이용하는 효과까지 거둘 수 있다.

매일 신문을 읽지만, 궁금증을 유발하는 기사는 매우 드물다. 이는 신문이 독자의 궁금증을 일으킬 만한 여지를 사전에 차단하기 때문이다. 그러나 기술자나 과학자가 쓴 글을 읽으면 궁금한 내용이 의외로 많다. 논리가 비약되거나 배경 설명이 충분하지 않기 때문이다. 위의 보도자료를 예로 들어보자.

이 보도자료가 나가자 여러 기자로부터 문의가 쇄도하였다. 원자력연구소가 왜 멍게껍질을 연구했는지, 그리고 원자력연구소가 개발하였다면 방사선과 관련이 있을 터인데 이러한 경우에 개발된 식이섬유에 방사선이 남아있지는 않는지에 대하여 궁금하게 여겼다. 연구개발 배경에 대한 설명이 없었기 때문이다. 배경 설명으로 원자력연구소가 멍게껍질에 방사선을 조사하여 식이섬유를 제조하는 연구 과정에서 방사선보다 나은 화학적 처리 방법을 발견하였음을 지적하였더라면 궁금증이 일어나지 않았을 것이다. 따라서 아무리 읽는 사람이 똑똑하다 하더라도 배경지식이 없는 경우에는 초보자로 간주하고 글을 써야 한다.

참고로 X-ray를 찍는다고 우리 몸에 방사선이 남아있지 않듯이 방사선은 잔류하는 것이 아니다. 이러한 사실은 원자력을 아는 사람에게는 상식이지만 일반인들은 이것을 모르고 걱정을 하기 때문에, 글을 쓸 때는 그러한 것까지 감안하여야 한다.

주어 없는 문장은
얼굴 없는 사람

말을 할 때는 주어를 생략해도 얼굴 표정이나 몸짓으로 추가적인 의사 소통이 되기 때문에 문제가 없다. 그러나 글을 쓸 때 주어를 생략하면, 읽는 사람이 앞 뒤 문맥이나 상황을 일일이 고려해야만 문장을 이해할 수 있다.

한글은 영어와는 달리 주어를 생략해도 문장이 되기 때문에 주어 없는 문장이 많다. 그러나 주어가 없으면 행위의 주체가 누구인지 몰라 읽는 사람이 헷갈리게 된다. 쉬운 내용이나 이미 알고 있는 내용은 핵심 단어 하나로 전체 내용을 알 수 있기 때문에 아무렇게나 쓰여진 글도 이해할 수 있다. 그러나 복잡하거나 새로운 내용이 들어 있는 글은 주어가 있어야 의미가 보다 분명해진다. 따라서 문장에 의식적으로 주어를 넣는 습관을 길러야 한다. 문장에 주어를 넣어보면 의미가 분명해질 뿐 아니라 문장이 깔끔해진다.

문장에 주어가 없는 것은 두 가지 큰 이유가 있다. 하나는 우리글이 영어와 달리 주어가 없어도 문장이 되는 구조를 갖고 있으며, 문장의 가장 핵심이 되는 정보가 서술어에 담겨 있기 때문이다. 또 다른 이유는 주어를 빼버리면 그 만큼 문장이 짧고 간단해진다고 생각하기 때문이다. 첫 번째 이유야 우리글의 구조적인 문제이니까 어쩔 수 없지만 두 번째 이유는 천만의 말씀이다. 문장에 주어가 없으면 의미가 모호해져 오히려 글자 수가 많아지고, 당연히 쓸데없이 긴 문장이 된다.

기술자가 쓴 글은 주어가 있어도 사물을 주어로 한 수동태의 문장이 대부분이다. 이런 문장도 '누가' 한지를 알 수 없기 때문에 주어가 없는 것과 마찬가지이다. 또 주어가 있어도 주어와 서술어가 호응을 하지 않으면 주어가 없는 것과 같다. 주어와 서술어가 호응을 이루지 못한 문장은 누가 무엇을 한지에 대한 의미가 분명하지 않기 때문이다.

기술자가 쓴 글은 엄밀하게 따지면 90% 이상 주어가 없다. 아마 기술자가 주어만 제대로 써도 글쓰기의 문제점이 대부분 해결될 것이다.

〈1〉 진동이 발생하면 배관에 심각한 피해를 야기할 수 있다.

　→진동은 배관에 심각한 피해를 야기할 수 있다.

〈2〉 새해 들어 미국 캘리포니아주에서 전력공급 부족으로 인하여 제한 송전이라는 극단의 조치를 취하는 위기를 맞고 있습니다.

→새해 들어 미국 캘리포니아주에서 제한송전이라는 극단의 조치를 취할 만큼 전력공급이 위기를 맞고 있습니다.

〈1〉에서 '진동이 발생하면'을 '진동은'으로 바꾸어 주면 주어도 살고 글자의 수도 줄일 수 있다. 〈2〉의 문장은 두 가지의 검토가 필요하다. 우선 '캘리포니아주에서'가 주어가 될 수 있느냐 하는 것이다. 물론 될 수가 있다. 우리말은 비인칭 주어 조사로 주어가 단체나 기관일 때 '에서'를 사용한다. 예로써 '정부에서 때맞추어 적절한 조치를 내놓았다'라고 할 수 있다. 다음으로 위기를 맞고 있는 주체가 무엇인지 따져볼 필요가 있다. '캘리포니아주에서 극단의 조치를 취하는' 이 관형절(명사를 수식하는 절)이 되기 때문에 위기를 맞고 있는 주체가 생략되어 있다. '캘리포니아주에서'가 생략된 주어로 해석할 수가 있으나 그러할 경우 캘리포니아주에서 위기를 맞고 있는 것이 된다. 위기의 주체를 '캘리포니아주에서'로 하는 것보다는 '전력공급이'로 하는 것이 훨씬 자연스럽다. 이와 같이 주어를 살리면 문장이 자연스러워진다.

인칭주어를 사용하자

생물과 무생물이 서로 관련된 내용을 표시할 때 영어는 무생물을 주어로 사용하는 경우가 많으나 우리글은 생물을 우선한다. 그 만큼 인본주의의 성향이 높다. 그러나 무생물을 주어로 하는 것이 반드시 나쁜 것은 아니다. 다만, 영어의 영향으로 습관적으로 무생물 주어를 많이 사용하는 것이 문제이다. 되도록 무생물보다는 생물을 주어로 사용하자. 그러면 한결 좋은 문장이 된다. 다음의 예를 보자.

연구소 41주년 창립기념으로 나라를 사랑하는 전 직원의 뜻을 새겨 여기 국기 게양대를 설치하고 태극기를 게양합니다.

한국원자력연구소

위의 예문은 명시적으로 주어가 없다. 연구소가 묵시적으로 주어 역할을 하고 있다고 볼 수도 있겠으나 이를 인칭주어로 바꾸면 문장이 자연스러워질 수 있다.

나라를 사랑하는 전 직원이 연구소 창립 41주년을 맞이하여 여기 태극기를 높이 게양합니다.

〈1〉 연속된 실험 실패가 연구팀을 힘들게 했다.

　　→ 실험이 연속적으로 실패하여 연구팀은 힘들었다.

〈2〉 이런 좋은 사업은 계속되어야 한다.

　　→ 이런 좋은 사업을 우리는 계속하여야 한다.

〈1〉은 '힘들다'는 서술어의 주체가 명확하지 않아 의미를 혼란스럽게 한다. '실험 실패'를 주어로 하지 말고 '힘들다'의 주체인 '연구팀'이라는 인칭주어를 사용하여 의미를 분명히 해야 한다. 〈2〉에서도 '사업'이 아니라 '우리'를 주어로 하여 우리가 사업을 계속하겠다는 의지를 나타내는 문장으로 하는 것이 좋다.

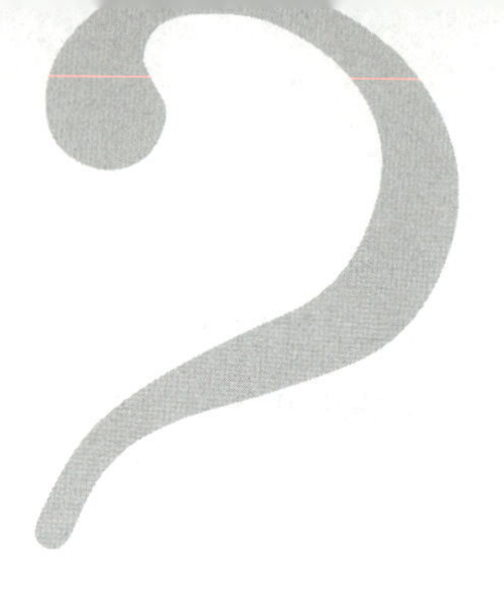

능동태로 쓰기

무생물을 주어로 사용하는 경우에는 문장이 수동태가 되기 쉽다. 특히 기술자는 목적어를 주어로 사용하여 글자 수를 줄이려고 습관적으로 수동태 문장을 많이 쓴다. 그러나 앞에서도 언급했듯이 글자 수에 관한 한 주어가 없으면 뜻이 분명하지 못하여 글자 수가 늘어나는 것이 일반적인 경향이다. 또한 사물을 주어로 사용함으로써 주어를 일일이 밝히는 수고를 하지 않아도 좋다고 생각하지만 행위의 주체가 없어 뜻이 모호한 경우가 많다.

우리글에 수동태의 글이 많아진 것은 영어의 영향을 받았기 때문이다. 그러나 요즈음은 미국도 수동태 문장의 사용을 가급적 피하라고 교육시키고 있다. 되도록 문장을 능동태로 쓰는 버릇을 기르자.

〈1〉 이 보고서에서는 원자력발전의 경제성이 다루어진다.

　　→ 이 보고서는 원자력발전의 경제성을 다루고 있다.

〈2〉 핵연료의 새로운 제조법이 소개된다. 이 연구에서는 핵연료의 새로운 제조법의 채택으로 안전성이 크게 향상됨이 확인된다.

　　→ 이 연구는 안전성을 크게 향상시킬 수 있는 핵연료의 새로운 제조법을 소개 한다.

　논문들을 읽다보면, 〈1〉과 같이 주어가 없는 표현을 자주 만나게 된다. 예전에 영어 논문에서 'In this report, it is investigated that ……' 이라는 표현이 많이 쓰였기 때문에 아직도 그 영향이 강하게 남아있기 때문이다. 그러나 이것은 미국에서도 오래 전에 사라진 표현이다. 요즈음은 'This report investigates ……' 라고 주로 쓴다. '보고서' 를 주어로, 능동형으로 표현하는 것이다. 더 이상 '보고서에서는' 같은 표현을 주어인양 쓰지 말자. 〈2〉에서는 누가 새로운 제조법을 소개하는지가 분명하지 않다. 새로운 제조법이 남에 의하여 이미 소개된 기술인지 해당 연구팀이 최초로 소개하는 기술인지 잘 알 수가 없다. 그러나 '연구' 를 주어로 하면 주체가 분명해진다.

생략 주어도 용도에 맞게

문장에 반드시 주어를 넣어야 하는데, '우리' 또는 '사람' 과 같은 불특정한 일반인을 주어로 하거나 앞에서 한 번 사용된 주어는 생략하는 것이 오히려 좋다. 그러나 문제는 주어가 생략되어야 좋은 글이 되기 때문에 주어를 생략하는 것이 아니고 습관적으로 주어를 생략하는 것이다.

〈1〉 화석연료는 매장량이 한정되어 있어 현재와 같은 추세로 사용한다면 곧 고갈될 것입니다.

→ 화석연료는 매장량이 한정되어 있어 현재와 같은 추세로 사용된다면 곧 고갈 될 것입니다.

<2> 연구소가 예산감소로 어려움이 많으므로 지원대책을 강구하여 주시기 바랍니다.

→ 연구소가 예산감소로 어려움이 많으므로 정부의 지원대책이 필요합니다.

<1>의 문장에는 '사용한다면'에 대한 주어가 없다. '우리 인류'가 생략된 형태로 볼 수가 있겠으나 이미 '화석연료'가 주어로 나와 있기 때문에 이를 주어로 활용해서 '사용된다면'으로 고치는 것이 좋다. <2>의 문장은 주어가 없지만 문맥상 '정부'가 주어라는 것을 쉽게 짐작할 수 있다. 주어를 쉽게 짐작할 수 있다고 해서 주어를 생략하여서는 안 된다. 이것이 바로 말로 하는 문장과 글로 쓰는 문장의 차이점이다. 정부를 상대로 말을 할 때에는 주어를 생략하여도 되지만, 글로 쓸 때에는 '연구소'를 생략주어로 하는 것이 반듯한 문장이 된다.

주어와 서술어의 호응이 중요하다

주어를 빠뜨리지 않았다면, 그 다음에 신경을 써야 하는 것이 주어와 서술어의 호응이다. 주어와 서술어가 호응을 이루지 못하면 비정형적인 문장, 즉 비문이 된다. 이러한 비문은 글의 신뢰성을 손상시킨다.

〈1〉 꿈을 이루기 위해서는 자신의 최선을 다하는 것이다.

→ 꿈을 이루기 위한 방법은 자신의 최선을 다하는 것이다.

〈2〉 좋은 성적을 거두지 못한 이유는 시험을 너무 쉽게 생각하였다.

→ 좋은 성적을 거두지 못한 이유는 시험을 너무 쉽게 생각하였기 때문이다.

〈1〉에서 '다하는 것'의 주어가 없다. 따라서 '방법은'이라는 주어가

호응을 이루어야 한다. 〈2〉의 경우는 '이유는'에 대한 서술어가 있어야
한다.

문장에서 가장 핵심이 되는 정보는 서술어에 들어 있다. 중요한 정보는 되도록 빨리 제시해야 한다. 한글은 영어와는 다르게 주어와 서술어 사이에 다른 성분이 많이 들어 있어 중요한 정보가 빨리 제시되지 못하는 구조를 가지고 있다. 이러한 제약을 극복하는 길은 주어와 서술어의 간격을 최소화하는 것이다.

이 연구의 목적은 21세기를 대비하여 미래의 주인공이 될 청소년들에게 과학적 활동을 강화하여 개인의 자아실현과 국가발전을 꾀하고 나아가 전 인류의 삶의 질을 개선하기 위하여 한국의 청소년 과학화사업의 현황을 분석하고 이의 발전방향을 정립하고자 한다.

→ 이 연구의 목적은 청소년 과학화사업의 현황을 분석하고 발전방향을 정립하기 위한 것이다. 청소년이 자아를 실현하고 국가발전에 기여하며 나아가 인류 삶의 질을 향상시키는 것은 과학교육에 달려 있기 때문이다.

위의 예문은 연구보고서에서 흔히 볼 수 있는 문장이다. 이러한 경우에는 주어와 서술어의 간격을 최소화 하기 위해 짧은 문장으로 나누어 쓰는 것이 좋다.

논리적인 틀이 있는 글쓰기

■ ■ ■

약도에서 방향을 정하면 다음은 길의 구도를 잡는다. 먼저 목표를 명확히하고, 출발지에서 목표까지 헷갈리지 않고 쉽게 찾을 수 있도록 가는 길을 결정한다. 그리고는 큰 길 몇 개로 구도를 잡는다. 글도 마찬가지이다. 먼저 주제를 정하고, 이 주제에 도달하기 위한 논리 전개 방식을 결정한다. 그리고는 문단 몇 개로 글의 구조를 짠다.

주제를 잡을 때나 주제를 대표하는 제목을 붙일 때, 또는 주제를 설명할 때 우리는 무의식적으로 범위를 크게 잡는 경향이 있다. 한 번은 '대기환경오염 가스의 측정' 이라는 제목의 연구 신청서를 검토한 적이 있었다. 연구 필요성을 읽어보았는데, '남극 얼음이 녹아내리고 산성비로 핀란드 호수의 반이 물고기가 살지 못 한다' 고 쓰여 있는 것을 보면서, 나는 이 연구과제가 전 지구적이고 국제적인 것이구나 하고 짐작하였다. 그러나 실제 내용은 '도심 차량 배기가스 측정'이었다. 이처럼 막연하고 포괄적인 제목과 주제는 글의 명확성이나 의도를 흐리게 할 수 있다.

글을 쓰는 사람의 의도가 읽는 사람에게 분명하게 전달될 수 있도록 주제는 명확하고 구체적이어야 한다. 그러자면 주제의 범위를 가급적 좁게 한정해야 한다. '환경오염'은 주제가 너무 넓다. 이 보다는 '수질오염'이 보다 좁은 주제가 될 수 있으며 '중랑천 오염'이라고도 구체화시킬 수 있다. 이런 식으로 주제를 좁혀서 구체성을 갖추어 나가면 '전자빔을 이용한 중랑천의 염색폐수 저감'에까지 이르게 되는 것이다.

환경오염 → 수질오염 → 중랑천 오염 → 중랑천의 공장폐수 오염 → 중랑천의 염색 폐수 오염 → 중랑천의 염색폐수 저감 대책 → 전자빔을 이용한 중랑천의 염색 폐수 저감

주제가 결정되면 하나의 완결된 문장으로 주제문을 작성해 보는 것이 좋다. 주제문은 전체 글을 한 문장으로 표현하는 것이므로 글의 전개방향을 결정하는 것이다. 앞의 예에서 주제문은 '전자빔을 이용하여 중랑천의 염색폐수를 저감한다'이다. 주제문이 결정되면 이것을 제목 붙이는데 유용하게 활용할 수 있다. 앞의 예에서 주제문을 제목으로 바꾸면 '전자빔을 이용한 중랑천의 염색폐수 저감대책'이 되는 것이다.

주제는 하나여야 한다

주제가 둘 이상이거나 주제에 초점이 맞추어지지 않으면 횡설수설하는 글이 된다. 그러므로 주제는 하나여야 한다.

우리나라는 월드컵에서 4강 신화를 이루어 내었다. 이 과정에서 히딩크 감독은 우리 선수들의 능력을 최대로 발휘시켜 대한민국 국민들의 영웅이 되었다. 붉은 악마의 응원 또한 우리 국민의 힘찬 역동성을 보여주었다.

'2002년 월드컵'에 대하여 느낀 점을 적어보라고 하였더니 한 학생이 위와 같은 요지의 글을 지었다. 주제가 세 가지로 분산되어 있어 무엇을 이야기하고자 하는지 잘 알 수가 없다. 하나의 주제에 집중을 하지 않았기 때문이다. 이 글의 주제를 '월드컵을 통해 우리나라가 얻은 것' 으로 구체적으로 설정한다면 다음과 같이 관점이 바뀌게 된다.

우리나라는 월드컵 4강 진출로 세계 속에 우뚝 솟는 한국에 대한 자신감을 얻었다. 히딩크 감독이 보여준 대표팀 경영기법이 빠르게 기업에 확산되어 우리나라의 전반에 걸쳐 경쟁력을 키우는 계기가 되었다. 또, 붉은 악마의 응원은 전 세계에 강력한 인상을 심어줌으로써 수 조원의 홍보효과를 얻기도 하였다.

　길을 찾기 위해서는 약도에 표시된 길을 따라 가듯이 글도 순서대로 전개해 나가는 방식을 잡아야 하는데 이를 글의 구상이라고 한다. 구상을 하기 위해서는 주제를 설득력 있게 뒷받침하는 글의 재료, 즉 제재를 수집해야 한다. 제재는 확실한 근거를 가진 것을 풍부하게 수집해야 한다. 이렇게 수집된 제재를 성격별로 분류하여 정리하여 놓으면 글 쓸 때 유용하게 활용할 수 있다. 분류된 제재 중에서 필요한 부분을 골라 순서대로 전개해 나가는 것을 글의 구상이라고 하는데 구상의 종류는 다음과 같이 구분할 수 있다.

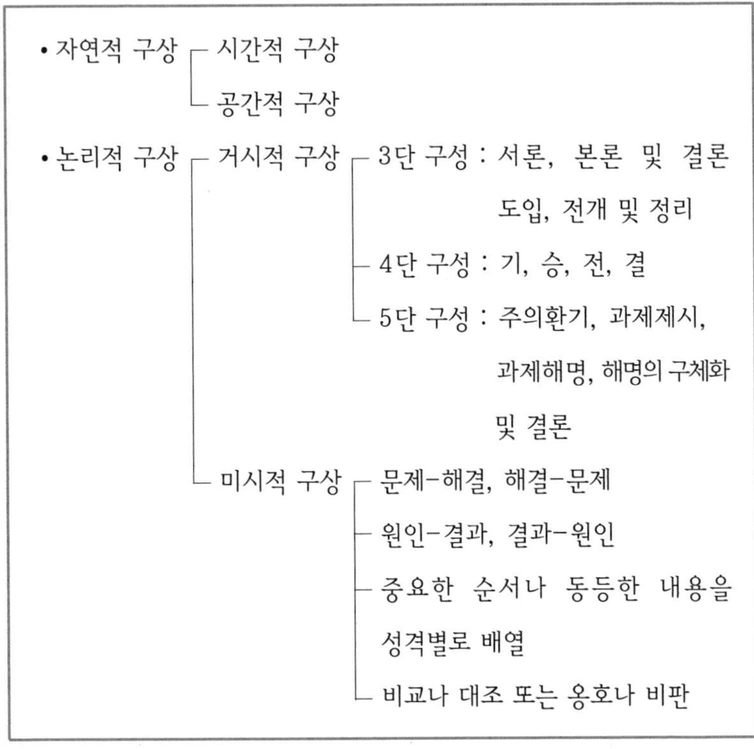

시간과 공간에 따라 구상하는 방법을 자연적 구상이라고 하는데, 이는 우리가 시간과 공간을 통해 사건이나 사물을 자연스럽게 인식하기 때문이다. 시간적 구상은 역사나 활동보고 등의 전개에 유용하며, 공간적 구상은 제품설명이나 기행문 등에 활용한다.

〈시간적 구상의 예〉

연구결과를 산업화하기 위해 이 기술에 관심을 가질 만한 기업을 찾아 나섰다. 여러 군데를 다녔으나 소득이 없었다. 그러던 중 의외의 기업으로부터 연락이 왔다.

〈공간적 구상의 예〉
리모콘 왼쪽 상단의 붉은 것은 전원스위치이며, 옆의 것은 작동시간 조절기이다.

인과관계를 중시하여 사안을 논리적인 관점에서 파악하고 서술하는 것을 논리적 구상이라 한다. 논리적 구상은 글을 전개하는 방식 가운데 가장 대표적인 구상법으로 글의 전체적인 윤곽을 잡는 거시적 구상과 글의 각 부분의 내용을 어떻게 구체적으로 전개해 나갈 것인가를 정하는 미시적 구상으로 나누어진다.

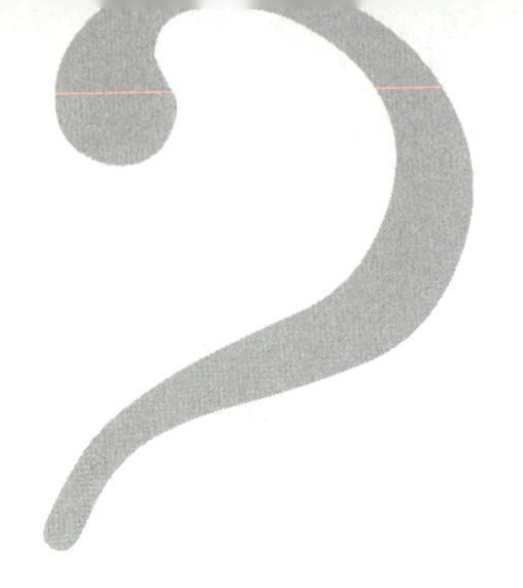

글의 전체 윤곽을 잡는 거시적 구상은 3단 구성법으로 한다. '서론-본론-결론'이나 '도입-전개-정리'로 나누어진다. 사안의 인과관계를 중시하여 논리적인 관점에서 파악하여 서술하기 때문에 논문은 이 형식을 채택한다. 한편, 4단이나 5단 구성법은 3단 구성법을 기본으로 확대 적용한 것에 지나지 않는다. 4단 구성법은 한시의 사상 전개방법에서 유래하였는데, '기〈起〉-승〈承〉-전〈轉〉-결〈結〉'로 이루어져 있으며, 소설이나 신문 논설에 적용되는 5단 구성법은 '주의환기-과제제시〈서론 부분〉, 과제해명-해명의 구체화〈본론 부분〉와 결론'으로 이루어진다.

3단 구성법은 논리적 배열에 가장 적합한 형식이나 결론 및 중요한 사항이 제일 뒤에 나타나는 단점을 가지고 있다. 이러한 단점을 보완하기 위하여 논문은 제목과 초록을 잘 활용해야 한다. 제목은 결론의 내용을 최대한 포함시켜 초록을 읽지 않아도 논문의 주요 내용을 짐작할 수 있게 한다. 초록도 본문의 내용을 단순히 압축하여 배경과 필요성부터 시작하는 것이 아니고 본 연구가 '무엇을' 다루는가를 제일 먼저 언급해야 한다(구체적인 내용은 '제5장 실전에서 활용하기'를 참조).

한편 글의 부분적인 미시적 구상은 다음과 같은 규칙성을 준수한다. 많이 쓰이는 규칙성은 다음과 같다.

① 원인-결과(귀납적 배열) / 결과-원인(연역적 배열)

② 문제-해결〈귀납적 배열〉/ 해결-문제(연역적 배열)

③ 비교와 대조

④ 옹호와 비판

⑤ 열거(동등가치를 가나다 순으로)

⑥ 점층 : 중요하지 않은 것 → 중요한 것(미괄식 배열)

　　　　중요한 것 → 중요하지 않은 것(두괄식 배열)

⑦ 점층 : 단순 → 복잡

　　　　아는 것 → 모르는 것

실무자는 보고시에 원인이나 문제를 앞에 두는데 반하여, 결재권자는 결과나 해결을 중요시하여 먼저 보고 받기를 원한다고 앞에서 강조한 바 있다. 결재권자는 중요한 사항을 먼저 알기를 원한다.

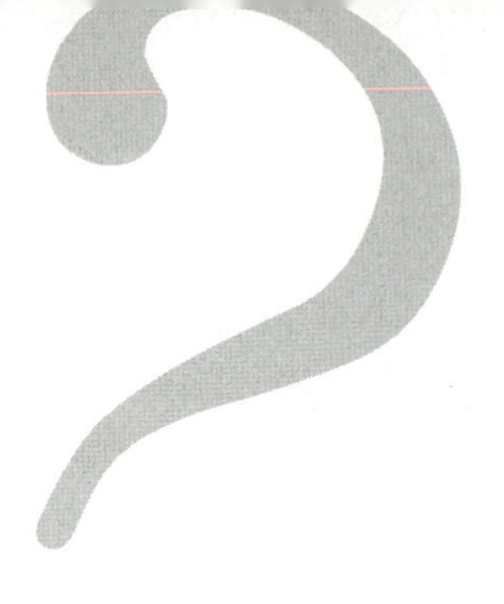

논리 개요도 작성하기

글의 전체와 부분을 개략적으로 나타내는 구상이 끝나면 이를 개요도로 작성한다. 머릿속으로 아무리 구상을 잘 하더라도 글을 써내려 가는 동안 중요한 부분을 빠뜨리거나 논리성을 잃고 헤맬 수도 있다. 또 글의 전체와 부분, 부분과 부분 사이의 균형을 잃어버릴 수 있다. 이러한 잘못을 방지하기 위하여 개요도를 작성해야 한다. 개요도는 건물의 설계도에 해당한다. 개요는 핵심 단어만을 사용하는 방법과 문장 형식을 채택하는 방식이 있는데 다음은 문장형 개요의 예이다.

주제문 : 원자력의 추가 건설은 바람직한가?

서론

  - 원자력의 이용 현황과 미래 전망

  - 원자력 안전에 대한 국민 우려 증가

본론

  1. 원자력의 필요성

   가. 화석연료 고갈에 대비

     1〉 석유

     2〉 석탄

   나. 대기 오염의 감소

     1〉 지구온난화 감소

     2〉 배기가스 없는 청정에너지

   다. 경제성이 우월

   라. 대체에너지의 한계

  2. 원자력의 안전성

   가 원자력 사고

     1〉 TMI

     2〉 체르노빌

     3〉 도까이무라

   나. 원자력시설의 사고 확률

  3. 원자력 안전에 대한 우려

   가. 환경단체 및 지역주민의 반핵 운동

   나. 방사성폐기물 처분부지확보의 실패

결론

  - 적정 수의 건설은 현실적으로 불가피한 선택

'문단-문장-단어'의 구조를 갖추자

글을 이루는 최소의 단위는 단어이다. 단어가 모여 문장이 되고, 문장이 모여 문단이 된다. 단어는 뜻을, 문장은 단편적인 생각을, 문단은 중심생각을 나타낸다. 글은 쓰는 사람의 생각을 효율적으로 나타내는 것이므로 글을 쓸 때에는 중심생각이 담기는 문단이 제일 중요한 역할을 한다. 몇 개의 단어가 빠지거나 한 두 문장이 없어도 글 쓴 사람의 생각을 읽어내는 데 큰 어려움이 없는 것은 문단이 중심생각을 전하기 때문이다.

글을 쓸 때 문단이 가장 중요함에도 불구하고 이러한 사실을 알지 못하는 사람이 의외로 많다. 그 이유는 우리가 그 동안 문단을 글의 중심으로 인식하는 문장론을 배우지 못하였기 때문이다. 특히 문단의 구분없이 죽 써 내려가는 글쓰기는 고대소설에서부터 시작된 우리 문장의 전통이기도 하지만, 이런 경향이 많은 일본어의 영향도 크다고 지적을 받고 있다.

　문단이 글의 구조에서 가장 중요하기 때문에 문단을 형식적으로도 구분할 필요가 있다. 문장이 새로운 행에서 시작되고 첫 칸이 비어 있으면, 그것은 문단의 시작을 의미한다. 첫 칸의 비움은 우리 글은 스페이스로 두 칸, 즉 글자로는 한 칸으로 하고, 영어는 4~6칸으로 하고 있으나 요즈음은 전혀 비워두지 않는 것도 많이 쓰이고 있다. 한 문단의 길이는 6문장 내외로 구성하는 것이 적당하다. 요즈음은 문단의 길이도 점점 짧아지는 경향이 있어 3~4문장을 한 문단으로 하는 경우도 많다. 문단은 단락(Paragraph)이라고도 불린다.

문단, 하나의 소주제문과 이를 돕는 뒷받침문장

글 전체가 하나의 주제 아래 이루어진 큰 덩어리 생각이라면 문단은 이를 이루는 작은 덩어리의 생각이다. 한 문단은 이러한 작은 덩어리의 중심 생각을 압축하여 표현하는 소주제문(topic sentence)과 이를 뒷받침하는 몇 개의 뒷받침문장(supporting sentences)들로 구성된다. 이를 문단의 완결성이라고 부르며, 이때 한 문단은 하나의 중심사상만 다루어 통일성을 갖추어야 한다. 다음의 예는 한 문단에 두개의 중심사상이 있어 두개의 문단으로 나누어야 한다.

현재 전 세계적으로 에너지 소비량은 급격히 증가하고 있다. 이에 미국, 일본 및 유럽 등의 선진국들은 석탄연료의 고갈, 이의 사용에 따른 환경오염 문제 등을 고려하여 차세대 에너지원으로의 원자력발전 기술을 확보하기 위하여 최선의 노력을 기울여 왔다. 그러나 미국, 일본 및 체르노빌 등의 원전에서 발생한 일련의 사고들로 인해 세계의 원자력 연구는 위기를 맞고 있다.

→ 선진국은 원자력을 미래의 주된 에너지원으로 활용하기 위하여 기술 개발에 많은 노력을 기울여 왔다.(소주제문)

에너지 소비량이 급증하고 있어 화석연료는 머지않아 고갈 …… 환경오염문제도 심각하여 …… 이에 대비하여 차세대 원자로를 개발하기 위해 …… 미국은 …… 일본은 …… 프랑스는 …….(뒷받침문장들)

한편, 이들 나라의 원자력시설에서 사고가 발생함으로써 원자력 관련 기술개발 연구가 위기를 맞고 있다.(소주제문)

TMI, 체르노빌, 도까이무라에서 핵 사고가 발생하여 …… 원자력에 대한 일반국민의 감정 …… 원자력관련 연구비가 감소 …….(뒷받침문장들)

소주제문과 뒷받침문장 쓰는 법을 좀 더 자세히 알아보자.

소주제문은 문단의 내용을 압축한 중심생각을 담고 있는 문장으로 글 쓰는 이의 의견이 집약적으로 드러나야 한다. 좋은 소주제문이 되려면 첫째, 주어와 술어를 갖춘 완전한 문장 형태여야 한다. 둘째, 범위가 명확해야 한다. 주제문의 하위 항목이기 때문에 결국은 소주제문 전체가 모여 주제문을 뒷받침하도록 해야 한다. 범위가 너무 크면 문단 전개에 어려움이 따르게 된다. 셋째, 간결하면서 흥미를 끌 수 있으면 더욱 좋다.

소주제문이 문단에서 놓이는 위치에 따라 문단의 유형이 다음과 같이 나누어진다.

두괄식문단은 소주제문이 문단의 시작 부분에 놓인다. 핵심 정보가 제일 먼저 제시되고 문단의 초점이 분명하기 때문에 가장 널리 쓰인다. 정보 소통에 강점을 가진 방법이라 사무적인 글은 두괄식문단이 필수적이다. 또한 정보량이 급증하고 있는 현대에 적합한 형식이기도 하다. 두괄식문단은 문단의 첫 문장인 소주제문만 읽어도 그 문단의 핵심 사상을 파악할 수 있어 속독이 가능하다. 문단의 첫 문장을 읽고 내용을 알 수 있으면 그 다음 뒷받침문장들은 읽지 않아도 되기 때문이다.

미괄식문단은 소주제문이 문단의 마지막에 놓이는 문단이다. 독자의 궁금증을 유발한 후에 끝에 가서 핵심 정보를 제시한다. 읽는 사람의 흥미를 지속적으로 붙잡아 둘 수 있어 소설이나 수필에서 많이 활용한다.

양괄식문단은 소주제문이 문단 시작 부분과 마지막 부분에 나타나는 문단이다. 소주제를 뚜렷이 강조해 주고 싶을 때 활용하는 양식이다. 마지막 소주제문은 시작의 소주제문과 내용은 같더라도 표현양식은 달리 해야 한다. 소주제문이 중간에 위치하는 중괄식문단이나 소주제문이 아예 없는 무괄식문단은 논리성이 적은 가벼운 글에 적용되는 형식이다.

문단에서 소주제문만 있고 뒷받침문장이 없으면 주장만 있고 근거가 없는 글이 된다. 뒷받침문장은 문단의 중심사상, 즉 소주제를 구체화, 합리화 또는 예시하여 글의 구체성과 객관성을 부여한다.

구체화 : 설명을 통해 이루어진다. 즉 '정의, 지정, 비교, 대조, 분
　　　류, 분석, 상설, 부연, 서사 및 묘사'의 방법으로 전개한다.

합리화 : 논증을 통해 이루어진다. 즉 '원인, 이유, 근거' 등을 밝
　　　힌다.

예　시 : 예를 들어서 설명한다.

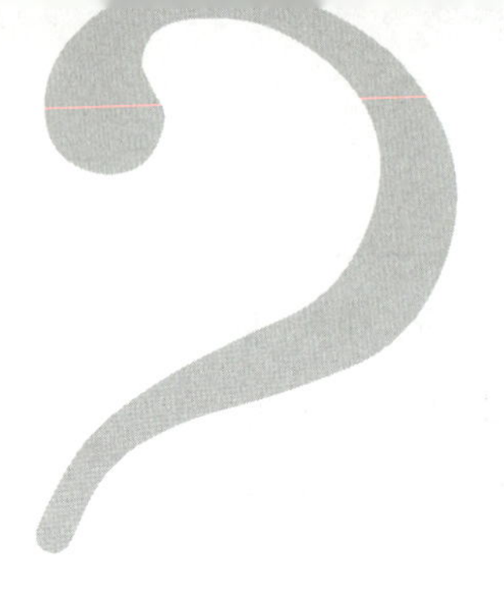

효과적으로 배열하기

중요한 사항을 첫 문단에서 먼저 설명하는 두괄식 배열이나 결과를 먼저 언급하고 원인이나 배경은 뒤에 설명하는 연역적 배열이 글의 형식에서 많이 쓰인다. 상대에게 중요한 사항이나 결과를 알리는 데 중점을 두기 때문에 신문의 보도기사는 이러한 배열이 주류를 이루는데 이를 역피라미드형 배열이라고도 부른다. 뉴스의 핵심이 서두의 첫 문단에 요약 제시되고, 그 다음에 중요한 보충 사실과 흥미 있는 세부사실이 뒤따른다. 이는 독자로 하여금 첫 문단의 요약만으로 전체 기사의 내용을 충분히 파악할 수 있도록 하기 때문에, 미국의 남북전쟁 때 AP통신사가 이 유형을 처음으로 채택한 이래 백년이 넘도록 기사의 표준형태가 되고 있다.

〈1〉 정부는 한-미간의 현안인 경수로 건설비용 분담과 관련해 예상사업비 51억 7850만 달러의 3분의 2인 약 35억 달러를 분담키로 하고 나머지는 미국이 책임을 지고 비용을 조달하도록 일본 등과 공조해 나가기로 최종 방침을 굳힌 것으로 '한겨레' 가 13일 입수한 '대통령 비서실 업무인계 자료' 에서 드러났다.(한겨레 98.1.14)

→ 정부는 한-미간의 현안인 경수로 건설비용을 총 비용의 3분의 2인 약 35억 달러를 분담키로 했다. 예상사업비 51억 7850만 달러의 나머지 3분의 1은 미국이 책임을 지고 일본 등과 공조해 나가기로 최종 방침을 굳혔다. 이와 같은 사실은 '한겨레' 가 13일 입수한 '대통령 비서실 업무인계 자료' 에서 드러났다.

〈2〉 한국원자력연구소에서 근무하는 박경배박사는 '원자력중장기연구개발사업' 의 일환으로 지난 3년간 10억 원의 연구비를 투여하여 간암 치료에 효과가 큰 방사성동위원소인 홀뮴을 개발하였다.

→ 원자로에서 나온 방사성동위원소인 홀뮴을 이용하여 간암을 효과적으로 치료 하는 길이 열렸다. 한국원자력연구소에서 근무하는 박경배박사는 지난 3년간 10억원의 연구비를 투자하여 연구를 성공시켰다.

〈1〉에서 앞 문장은 예전에 많이 쓰이던 형식으로 6하원칙을 한 문장에 모두 넣어 의미 해석이 어렵고 장황하다. 요즈음에는 내용을 최소한 2~3 개의 문장으로 나누어 설명한다. 〈2〉는 원자력연구소가 보도자료로 낸 것을 신문이 고친 내용이다. 뉴스의 핵심이 제일 앞 문장에 나와 있다.

신문기사가 반드시 두괄식 배열을 택하는 것은 아니다. 신문의 해설 기사는 보도기사와는 달리 피라미드형 배열을 취하여 중요한 사항이 뒤에 오게 한다. 해설기사는 이미 아는 내용을 보다 상세하게 설명해 줌으로써 독자의 판단에 도움을 주는 역할을 하기 때문이다.

문장끼리의 **연관성**을 놓치지 마라

단편적인 생각을 나타내는 문장은 따로 두지 않고 같은 범주에 들어갈 수 있는 문장들을 한데 묶어서 문단을 만든다고 하였다. 이것을 다른 말로 하면 문장은 문단 안에서 서로 잘 어울려야 한다고 말할 수 있다. 엉뚱한 성격의 문장이 도중에 나타나면 따돌림을 받아 좋은 글이 되지 못한다. 문장이 따돌림을 받는지 여부를 알아보려면 각 문장이 나타내는 단편적인 생각들을 적어보면 된다. 다음 예문을 읽어보고 단편적인 생각들을 나열해 보자.

인간이 다양한 언어능력으로 대화하는 자질은 하등 동물과 구분되는 중요한 차이다. 문자의 발명으로 시작된 지식이 축적되면서 인간문명이 발전되었다. 앞으로 다가오는 정보화 시대에는 언론매체를 통해 유통되던 수많은 지식과 정보가 인터넷을 통해 제공될 것이 확실하다. 인터넷에는 시장경제뿐만 아니라 문화와 예술 분야의 정보량이 지금까지와 다른 규모로 넘쳐 나고 있다. 인터넷은 21세기의 경제와 시장의 패러다임을 완전히 바꿀 것이다. 인터넷을 기반으로 한 정보화 시대에도 새로운 자료와 소식은 보다 쉽고 빠르게 이해할 수 있는 문장으로 작성되어야 하는 사실은 변함이 없다.

각 문장의 주요 단편적인 생각들을 정리하기가 매우 어렵다. 이러한 사실은 이 글이 좋은 글이 아니라는 것을 입증한다. 일관적이지 못하고 연관성 없는 단편적인 생각은 글 전체의 효율성을 저하시킨다. 따라서, 전체적 흐름에 관계없는 시장, 경제, 문화 및 예술을 과감히 삭제하고 글을 다시 정리해보았다.

인간은 의사소통을 통하여 문명을 발달시켜 왔다. 처음에는 언어의 형태로 의사를 소통하였으나 나중에는 문자를 발명하여 시간과 공간의 제약을 받지 않게 됨에 따라 문명의 발달을 가속하였다. 이러한 문명의 발달은 정보화 시대를 가져왔고, 특히 인터넷의 발명은 과거와는 비교할 수 없을 만큼 엄청난 양의 지식과 정보를 유통시키게 되었다. 그러므로 읽는 사람이 보다 쉽고 빠르게 이해할 수 있도록 글을 쓰는 일이 더욱 중요해지고 있다.

논리적 **연결**을 생각한다

탄탄한 구조물은 연결이 견고하다. 글도 마찬가지이다. 문장과 문장이 탄탄하게 연결되려면 문장의 개념들이 논리적으로 이어지고 이들을 문장 연결 장치인 접속어, 반복어 및 지시어로 묶어두어야 한다. 문장은 그 자체가 논리적이고 뒷문장과 논리적으로 이어져야 상대가 납득할 수 있다.

〈1〉 원자력은 값싼 에너지입니다(독자는 다음 문장에서 원자력이 왜 싼지에 대한 설명을 기대함).

→ 원자력은 값싼 에너지입니다. 석유에 비해 우라늄 연료값이 워낙 싸기 때문입니다.

〈2〉 수돗물이 오염된 것으로 밝혀져 시민 건강에 위협이 되고 있습니다.

→ 수돗물이 오염되어 시민 건강을 위협하고 있는 것으로 밝혀졌습니다.

〈3〉 화석연료는 자원의 한계성과 탄산가스 배출문제 등을 가지고 있어 원자력이 미래에는 주된 에너지원이 될 것이다.

→ 화석연료는 자원의 한계성과 탄산가스의 배출문제 등을 가지고 있으며, 원자력도 안전에 대한 국민의 우려와 방사성 폐기물 처리의 불확실성 등으로 어려움을 겪고 있다. 원자력이 이러한 어려움을 극복한다면 미래에는 주된 에너지원이 될 것이다.

〈4〉 일본은 여러 가지 어려움이 많은 가운데서도 고속증식로의 개발을 꾸준하게 추진하고 있어 우리에게 시사하는 바가 크다.

→ 일본은 원자력 안전문제로 인하여 국민들의 반대가 많은 가운데서도 고속증식로의 개발을 꾸준하게 추진하고 있어 우리에게 시사하는 바가 크다.

〈1〉에서 보듯이 독자는 단순히 읽는 것이 아니고 읽은 내용을 바탕으로 앞으로의 내용 전개를 예측한다. 〈2〉는 수돗물이 오염된 것으로 밝혀져서 시민 건강이 위협을 받는 것이 아니고, 논리적으로 수돗물의 오염자체가 시민 건강을 위협하는 것이다. 〈3〉은 논리가 비약한 경우이다. 한쪽은 나쁜 면을, 다른 한쪽은 좋은 면을 비교해서는 안 된다. 〈4〉은 구체적인 언급 없이 대충 얼버무려서 논리적인 설득력을 가지지 못한 예이다.

첫째, 접속어로 연결할 때에는 접속어만 보아도 뒤에 어떤 문장이 나올지를 짐작할 수 있다. 그러나 접속어를 많이 쓰면 문장이 경박하여지므로 접속어를 남발하지 않도록 유의하여야 한다. 상(上)목수는 함부로 못을 쓰지 않는다는 속담이 있다.

그러다 보니 좋아하는 소리를 직접 만들고 싶은 생각이 생겼습니다. 그래서 대학에 진학해서 아르바이트를 해서 처음으로 전자기타를 샀습니다. 그러나 혼자서 하기에는 심심하기도 하고 한계가 느껴졌습니다. 그래서 어렸을 때 친구들과 함께 밴드를 만들어 꽉 찬 사운드의 추구에 열을 올렸습니다.

→ 좋아하는 소리를 직접 만들고 싶은 생각이 생겼습니다. 대학에 진학해서 아르

바이트를 해서 처음으로 전자기타를 샀습니다. 혼자서 하기에는 심심하기도 하고 한계가 느껴졌습니다. 어렸을 때 친구들과 함께 밴드를 만들어 꽉 찬 사운드의 추구에 열을 올렸습니다.(접속어 삭제)

둘째, 반복어로 연결할 때에는 문장 앞부분에 이미 알게 된 옛 정보를 두고 문장 뒷부분에 새로운 정보를 제시한다. 즉 앞 문장의 뒤에 있는 신정보를 이어지는 다음 문장에서는 구정보로 받아 문장 앞부분에 두고 뒷부분에 다른 신정보를 제시하는 형태이다. 이를 문장의 '구정보-신정보 전개법'이라고 부른다. '끝말잇기' 놀이가 구정보-신정보 반복 형태의 전형이다. 즉 '원숭이 엉덩이는 빨갛다 → 빨간 것은 사과 → 사과는 맛있다……' 로 이어질 때, '빨갛다'는 첫 문장의 신정보가 다음 문장에서는 구정보가 되어 앞에 나타난 것이다. 구정보-신정보 전개법은 다음과 같이 3가지 종류가 있다.

〈1〉 끝말 연결하기

교양은 궁극에 있어서 개성에 관계되는 문제이다. 이 경우에 있어서 개성이란 일종의 처녀지라고 생각한다. 처녀지를 개간하고 씨를 뿌리고 거름을 주고 제초를 하고 하여 꽃을 피우고 열매를 맺게하는 개발과 경작의 과정이 즉 교양이다. 그러기에 영어에선 개발이나 경작이나 매한가지 '칼츄어'라고 부른다.(교양의 정신, 최재서)

〈2〉 명사화 연결하기

글을 요약하는 것은 글의 구조를 분석하는 것과 같은 작업이다. 글 구조 분석 작업은 그 글의 전체를 이루고 있는 부분, 부분들의 관계를 따져 보는 일이다.

〈3〉 표현 바꾸어 연결하기

나는 컴퓨터 본체 이외에 주변기기도 샀다. 프린터는 최고급 기종을 선택했다.

셋째, '이, 그, 저' 등의 지시어를 사용한다.

〈1〉 남극의 빙산이 녹고 있다. 이러한 현상은 지구온난화를 반영하는 것이다.
〈2〉 김씨는 성격이 차분하다. 그것이 지나쳐 '소심하다'는 말을 듣는다. 그러나
　　 그는 그 말에 개의치 않는다.

자기가 글을 제대로 쓰기 시작하면 남의 글도 빠르게 읽을 수 있다. 좋은 글은 문단마다 소주제문이 있고 생각의 흐름이 바뀔 때마다 부사어(접속어)로 적절한 신호를 해주기 때문에 소주제문과 접속어만 읽어도 핵심 내용을 쉽게 파악할 수가 있다.

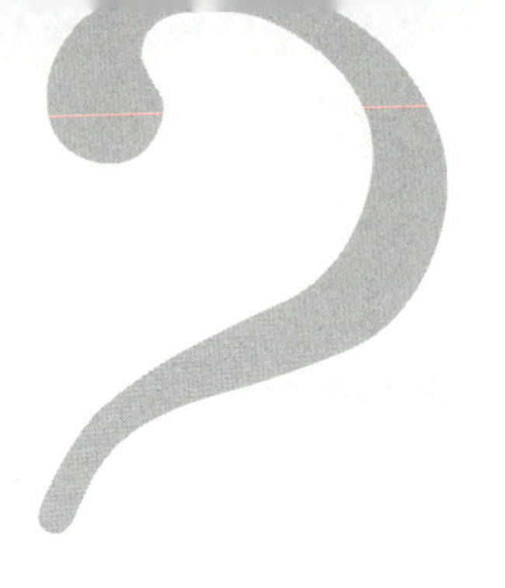

'1문장, 1개념'의 원칙을 따르자

문장에는 글 쓰는 사람의 단편적인 생각이 담겨 있다. 이러한 단편적인 생각을 개념이라고 하자. 한 개의 문장 속에 여러 개의 개념이 들어 있으면 읽는 사람이 그 개념을 모두 알아내기 힘들어진다. 그러므로 하나의 문장에는 하나의 개념만을 담아야 한다는 '한 문장, 한 개념(one sentence, one idea)' 원칙이 적용되어야 한다. 특히 신문기사는 독자가 쉽게 이해할 수 있는 데에 중점을 두고 있기 때문에 이 원칙을 매우 충실하게 지키고 있다.

원자력은 탄산가스에 의한 온실효과를 줄일 수 있는 깨끗한 에너지이며, 또한 발전 단가도 석유나 액화가스에 비하면 거의 반값에 해당하는 저렴한 에너지이다.

→ 원자력은 탄산가스에 의한 온실효과를 줄일 수 있는 깨끗한 에너지이다. 또한 발전단가도 석유나 액화가스에 비하면 거의 반값에 해당하는 저렴한 에너지이다.

완전한 문장 형태 지키기

웅변에서는 멋을 부리거나 효과를 증대시키기 위해 완결된 문장을 쓰지 않는다. 그러나 논문이나 보고서 같은 실용문에는 '주어 + 서술어' 형태의 평서문으로 문장의 완결성을 유지하여야 한다. 문장에 반드시 주어를 넣고 주어와 서술어가 일치되게 해야 한다는 것은 여러 번 강조해도 지나친 것이 아니다.

〈1〉 화석연료 사용의 증가, 지구온난화 및 기후이변. 오늘 인류가 해결해야 할 과제이다.

→ 화석연료 사용의 증가, 지구온난화 및 기후이변 등 오늘 인류가 해결해야 할 과제이다.

<2> 에너지의 97%를 수입하는 우리는 에너지안보를 위해 얼마나 노력을 기울여
야 할지…….

→ 에너지의 97%를 수입하는 우리는 에너지안보를 위해 얼마나 노력을 기
울여야 할지 모른다.

<h1 style="text-align:right">홑문장_을 쓰자</h1>

문장이 겹문장으로 확장되어 주어와 서술어가 몇 번씩 반복하다 보면 글이 복잡해진다. 글 잘 쓰는 사람이 한결같이 강조하는 것이 '홑문장(단문)을 써라' 이다.

⟨1⟩ 유구한 역사와 전통에 빛나는 우리 대한민국은 3.1운동으로 건립된 대한민국 임시정부의 법통과 불의에 항거한 4.19 민주이념을 계승하고, 조국의 민주개혁과 평화 통일의 사명에 입각하여 정의, 인도와 동포애로써 민족의 단결을 공고히 하고, 모든 사회적 폐습과……(헌법 전문)

→유구한 역사와 전통에 빛나는 우리 대한민국은 3.1운동으로 건립된 대한민국 임시정부의 법통과 불의에 항거한 4.19 민주이념을 계승한다. 조국

의 민주개혁과 평화 통일의 사명에 입각하여 정의, 인도와 동포애로써 민족의 단결을 공고히 한다.

〈2〉 우리나라는 에너지의 97%를 수입하고 있어 중동에서 분쟁이 발생하면 우리 국민은 꼼짝없이 당할 수밖에 없는 에너지 안보가 취약한 나라이다.

　→ 우리나라는 에너지의 97%를 수입하고 있어 에너지 안보가 취약한 나라이다. 중동에서 분쟁이 일어나면 우리국민은 꼼짝없이 당할 수밖에 없다.

〈1〉은 헌법 전문이다. 총 340여 글자가 한 문장으로 되어 있어 여간 복잡한 것이 아니다. 예전에는 이러한 긴 문장을 많이 썼지만, 요즈음은 짧은 문장으로 나누는 것이 일반적인 경향이다. 〈2〉는 밑줄 친 부분이 관형절로서 뒤에 오는 '나라' 를 수식하는 안긴 문장(중문)이다. 두 개의 홑문장으로 분리하는 편이 훨씬 낫다.

문장을 되도록 홑문장으로 하여 짧게 하는 것이 좋다. 문장이 짧아야 문장의 완결성이 유지되기 쉽기 때문이다. 어느 정도 짧은 것이 좋은 것일까. 영어는 한 문장에 최대한 16~20개의 단어를 쓸 것을 권장하고 있다. 한 번의 숨으로 무리 없이 읽을 수 있는 길이가 적당한 것이라는 얘기다. 한 줄 반 이상의 문장은 불합격이 되는 셈이다. 우리글도 신문의 경우, 한 문장 당 40~60자를 권고하고 있으니 영어와 비슷한 길이라고 하겠다.

한편 글에는 유사한 점을 중심으로 설명하는 비교와 다른 점을 중심으로 설명하는 대조가 자주 등장한다. 비교와 대조를 통하여 사물을 보다 생생하게 표현할 수 있기 때문이다. 이러한 경우에는 문장의 대등성(Parallel Construcion)을 살려 겹문장을 사용하는 것이 좋다.

단어끼리의 연관성을 생각하자

한 문장에서 의미의 연관성이 약한 단어를 사용하지 않아야 문장이 자연스러워진다.

〈1〉 인간이 다양한 언어능력으로 대화하는 자질이 하등동물과 구분되는 중요한 차이다.

→ 인간은 다양한 언어능력을 가지고 있어 동물과 구분된다.

〈2〉 우리나라는 1997년에 닥친 외환위기, IMF 구제금융, 과잉 중복 투자의 시정과 구조 조정, 국제 경쟁력 향상 등으로 한강의 기적을 이룩했던 자신감이 사라지고, '하면 된다' 는 굳은 신념마저 송두리째 흔들리고 있다.

→ 우리나라는 1997년에 닥친 외환위기, IMF 구제금융으로 경제기적을 이

〈1〉에서 인간과 동물을 비교하는데 구태여 '대화하는 자질'을 언급할 필요가 없다. 또한 인간이 동물과 구분되면 족하지, 굳이 '하등동물'과 구분될 필요가 없다. 〈2〉에서 구제금융과 구조조정은 아무런 연관 관계가 없다. '국제 경쟁력의 향상 등으로 한강의 기적을 이룩했던 자신감이 사라지고'는 연관은커녕 논리가 맞지 않아 어떻게 이런 글이 버젓이 인쇄까지 되어 나올 수 있는지 의아스럽기까지 하다.

일물일어(一物一語)의 법칙

글쓰기는 단어부터 시작한다. 문맥에 맞는 정확한 단어를 찾아내도록 노력하여야 한다. 하나의 사물을 나타내는 단어는 오직 하나이다.

근대문학 사상 사실주의의 창시자로 불리는 프랑스의 소설가 플로베르(Flaubert, Gustave)는 '하나의 사물을 나타내는 단어는 오직 하나밖에 없다'는 의미인 일물일어(一物一語)의 원칙 아래서 작품을 썼다. 그러므로 문맥에 맞는 정확한 단어를 사용해야 한다. 정확한 단어를 고를 수 있는 능력은 어휘력에서 나오므로 어휘력을 키우는 독서가 중요한 것이다.

〈1〉 어머니는 불교를 믿지만 나는 교회를 믿는다.

→ 어머니는 불교를 믿지만 나는 기독교를 믿는다.

〈2〉 교통사고로 차가 막혀 지각하였다.

　　→ 교통사고로 길이 막혀 지각하였다.

〈3〉 맡은 임무에 최고의 전문가가 되고 싶습니다.

　　→ 맡은 분야에 최고의 전문가가 되고 싶습니다.

〈4〉 젊었을 때 사람을 저축하자.

　　→ 젊었을때 좋은 친구를 사귀어 두자.

〈5〉 모든 일을 여유 있게 서둘러라.

　　→ 어떤 일도 여유 있게 하자.

　〈1〉, 〈2〉, 〈3〉은 단순하게 단어를 잘못 고른 경우에 해당한다. 그러나 〈4〉와 〈5〉는 표현이 정확하지 못하여 올바른 의미를 전달할 수가 없다.

　우리말은 형용사의 뜻이 명사에 따라 크게 변하지 않으나 영어는 매우 다양하게 바뀐다. 다음의 blue가 그 예이다. 명사에 따라 하나의 고유한 의미만을 가지는 '플로베르의 법칙'이 적용된다.

1.blue sky(푸른)　　　2.blue mood(우울한)　　　3.blue collar(노동자)

4.blue chip(우량주)　　5.blue blood(명문)　　　6.blue movie(외설)

7.blue book(정부간행)　8.blue ribbon(우량품)　　9.the Blue(노동당).

　계약이나 외교 문서에서 단어의 중요성은 더욱 막중하다. 영어에서 '미안은 자기의 잘못을 인정하는 표현이므로 어떠한 경우에도 손해 배상을 받지 못한다. 외국에서 도입한 기기가 제대로 작동이 되지 않아 기술자가 여러 번 오고 급기야는 새로운 기기로 대체까지 하였으나 결국 실패한 경우를 가정해 보자. 최선을 다한 외국회사에 손해배상을 청구하기가 심정적으로 미안하겠지만 영문 편지에는 '미안' 이라는 단어를 쓰면 안 된다.

그 동안 귀사가 제공한 여러 가지 지원에 감사하고 있기에 미안하지만 설비 파손에 대한 손해 청구를 하지 않을 수 없습니다.(영문 편지라 가정)
→그 동안 귀사가 제공한 여러 가지 지원에 감사하고 있습니다만 유감스럽게도 설비 파손에 대한 손해 청구를 하지 않을 수 없습니다.

마찬가지 이유로 일본은 한국에 대하여 '통석의 염(痛惜의 念)' 이라는 단어를 새로 만들어 가면서 사과를 대신하고 있다. 책임과 배상 때문에 일본은 일제통치에 대하여 '사과' 하지 못하는 것이다.

단어의 대등성을 살려라

단어는 서로 동일한 성격을 가진 것끼리 비교 또는 대조 되어야 한다.

〈1〉 미국, 일본 및 체르노빌에서 일어난 일련의 핵 사고로 인하여…….

　　→미국, 일본 및 러시아에서 일어난 일련의 핵 사고로 인하여

〈2〉 제품의 탈색, 변형 및 고장이 발생하는 경우에 교환이 됩니다.

　　→제품이 탈색 또는 변형되거나 고장이 발생하는 경우에 교환이 됩니다.

　〈1〉에서 체르노빌은 러시아의 도시이기에 미국이나 일본과 같이 국가
와 대등한 관계를 가질 수 없다. 〈2〉는 탈색이나 변형은 발생하는 것이 아
니고 발생되는 것이기 때문에 분리하는 것이 좋다.

간결하고
명확하게 쓰기

핵심을 찔러라

약도를 한눈에 알아 볼 수 있도록 그려야 하듯이 글도 핵심 내용이 한눈에 전달될 수 있도록 써야 한다. 현대인은 바쁘고 취급하는 정보의 양도 날로 늘어나고 있다. 그렇기 때문에 문자 매체보다는 정보의 전달 능력이 탁월한 영상 매체를 선호한다. 문자 매체의 경쟁력이 약화되는 가운데, 읽어야 할 글도 많다. 그러므로 글을 아주 선택적으로 읽는다. 시각적으로 조금만 보기가 어렵다거나, 읽어도 무슨 내용인지 모르는 장황한 글은 금방 외면당한다. 그렇기 때문에 간결·명료한 글만이 살아남는다.

과학기술부에서 시행하는 국가지정연구소(NRL : National Research Lab)제도라는 것이 있다. 이 연구소로 지정이 되면 1차로 3년간 최대 9억 원까지 연구비를 지원 받으며 3차까지 연장이 가능하기 때문에, 많은 대학과 민간 연구소에서 국가지정 연구소로 지정을 받기 위해 치열한 경쟁을 벌이고 있다.

경북대학교에서 환경 분야의 1차 심사를 통과한 후 2차 평가를 앞두고 나에게 자문을 구해 왔다. 나는 2차 평가에서 발표할 내용을 살펴보던 중, 우선 분량이 너무 많아 다음과 같이 지도했다.

발표를 짧게 하라. 평가가 오후 2시부터 시작하여 6시에 끝나도록 되어 있는데 대부분 저녁 8시를 넘기게 된다. 한 사람에게 10분씩 발표기회가 주어지지만, 발표하는 사람은 하나라도 더 많이 설명을 하고 싶어 하기 때문에 10분을 넘기게 되고 질의응답까지 포함하면 시간을 많이 초과하게 된다. 시간이 흐를수록 평가위원은 집중력이 떨어지고 심기가 불편할 수밖에 없다. 배도 고프고, 저녁 약속을 친구와 하였다면 시계를 자주 보게 된다. 따라서 발표를 짧게 해야 한다. 발표를 듣는 사람은 처음 3분과 마지막 1분에 집중을 하고 나머지 시간은 어차피 딴 생각을 하기 마련이다. 발표가 짧은데도 불구하고 연구 내용이 쉽게 이해되면 평가위원은 이를 높이 평가할 것이다.

결과는 성공이었다. 20개 기관이 통과한 1차 심사에서 13위를 차지했던 경북대학교는 2차 평가에서 2위를 차지했다.

핵심내용은 가장 먼저 눈에 들어와야 한다. 신문 기사의 경우에 제목과 부제만 보아도 내용의 절반은 짐작할 수가 있고 첫 문단을 읽으면 내용의 80% 정도까지 알 수가 있다. 마찬가지로 보고서나 연구논문을 쓸 때, 제목과 소제목에 핵심내용을 담아 읽는 사람이 이것만 보고도 많은 정보를 얻을 수 있도록 해야 한다.

〈1〉 보고 목적 → 목적; 본관 건물 외벽에 심한 균열

〈2〉 환경오염의 측정 및 제어를 위한 환경가스의 Dynamic Monitoring System 신기술개발 → 도심 대기오염의 실시간 측정과 장비 소형화 기술 개발

〈1〉에서는 보고의 핵심내용을 우선 일목요연하게 적었다. 목적만 읽어도 이것이 무엇에 대한 글인지 대충 짐작할 수 있다. 〈2〉는 제목에 너무 어려운 전문용어가 들어가서 무슨 뜻이지 알 수 없게 한 경우이다. 간단하고 누구나 이해할 수 있는 내용으로 쉽게 풀어서 제목을 쓰는 것이 중요하다.

KISS의 법칙

위대한 연설가들이 공통적으로 지킨 원칙을 정리한 말이 'KISS' 이다. 이는 'Keep It Simple, Stupid(단순하게, 그리고 머리 나쁜 사람도 알아듣게 하라)' 는 말을 축약한 것이다. 세계적 지도자들의 연설에는 진부한 표현, 과장된 문장, 전문 용어, 유행어들이 전혀 들어 있지 않다. 평이하고 단순한 표현으로 감동적인 연설을 할 수 있는 것이다(래리 킹의 《대화의 법칙》중에서).

KISS의 마지막 단어를 'Stupid' 대신에 'Short' 를 써서 간결을 강조하기도 한다. 간결한 연설로는 링컨의 게티스버그 연설이 압권이다. 간결하면서도 강력하고 쉬운 말을 써서 이보다 감동적인 연설은 없다고 한다. 미국 국민이면 누구나 암송하는 이 연설문은 불과 266단어로 이루어져 있다. 링컨에 앞서 두 시간 연설했던 웅변가 에드워드 에버렛(Edward Everett)이 '나의 두 시간 연설이 당신의 2분 연설처럼 그렇게 의미를 잘 전달할 수 있었다면 얼마나 좋았겠습니까?' 라고 탄식했다는 일화도 있다.

말은 간결함을 으뜸으로 친다.
Brevity is the soul of wit

– 세익스피어

보고서는 한 장으로 족하다. 더 긴 것은 비서가 곧장 쓰레기통으로 보낼 것이다.
If it is just one page, I promise to read it with attention. If it is longer, my secretary will put it straight into a wastepaper basket

– 처칠

사회 어느 분야에나 프로와 아마추어의 세계가 있다. 말을 통한 이들의 구분은 간결에서 온다고 해도 과언이 아니다. 따라서 짧은 시간에 상대를 설득하기 위해서는 절제된 언어가 가장 강력한 무기가 된다. 글도 말과 마찬가지로 간결함을 으뜸으로 친다. 글을 쓸 때의 교훈으로 '버리는 데 용감해라' 는 말이 있다. 특히 지면이 명동 땅값보다 비싼 신문의 경우, 기사는 항상 압축된 형태를 강요받을 수밖에 없다. 간결은 또한 겸손과도 통한다. 자신의 업적을 절제해서 표현할수록 힘 있는 글이 되어 영향력을 발휘하게 된다. 그렇기 때문에 간결과 겸손을 염두에 두면 진부하거나 과장된 표현은 쓸 수가 없다.

자신이 처음 쓴 글은 무조건 반 이상 줄여야 한다. 다음의 예와 같이 글의 양을 반으로 압축하여도 내용에 전혀 문제가 없는 경우가 많다.

고압증기 배관은 발전소의 증기발생 장치와 터빈 사이를 연결해 주는 주요계통으로서, 발전소의 정상상태 운전 시 내부유체의 압력 및 속도 변동에 의해 항상 진동 〈유체유발진동〉 현상을 겪게 된다. 이때 그 정도가 증가하게 되면 배관 자체를 포함하여 배관의 지지물, 주변기기 등에 심각한 구조적인 피해를 야기할 수 있다. 이 보고서에서는 플랜트 고압증기배관의 진동증가 원인 파악 및 진동감소를 위한 경험사례를 소개하였다. 국내의 ㅇㅇ발전소에서 고압증기 배관의 진동 준위가 매우 높아져 배관지지물의 일부 파손 및 열화현상이 관찰되었다.

→ 고압증기 배관은 터빈에 증기를 공급할 때 증기압력과 속도의 변동에 의해 진동하게 된다. 진동이 커지면 배관은 물론이고 주변기기까지 파손되거나 열화 되는 피해를 입는다. 국내 ㅇㅇ발전소에서 이런 현상이 일부 발견되어 본 연구팀은 그 원인을 파악하고 해결책을 제시하였다.

명사나 동사를 수식하는 형용사나 부사를 될수록 줄여야 한다. 형용사와 부사는 문장을 불필요하게 늘리는 군더더기 역할을 할 때가 많기 때문이다. 주어와 서술어만으로써 실체를 진실하게 나타낼 수 있으면 좋은 글이 된다.

산뜻한 글이 좋다

만남에서 중요한 역할을 하는 것이 첫 인상이다. 글에서의 첫 인상은 산뜻함인데 글자 크기, 여백 및 사용 색깔의 수와 관계가 많다.

글자의 크기는 읽는 사람의 나이에 비례해야한다. 상사는 대부분 잔글씨를 잘 보지 못함으로 다소 큰 글씨로 써야 한다. 중요한 단어를 진하게 표시하는 것도 읽는 사람에게 도움을 줄 수 있으나, 너무 많으면 오히려 산만하여 보일 수 있다. 영문의 경우에도 강조 시에 대문자를 사용하지만 대문자를 남발하면 역효과가 난다.

한 장의 보고서에 너무 많은 내용을 담으면 읽는 사람은 보기도 전에 질려버린다. 또, 행간의 간격도 너무 좁지 않도록 한다. 상하와 좌우의 여백도 넉넉하게 둔다. 어쨌든, 시각적으로 읽기 불편한 글은 사람들에게 외면당하기 십상이다.

색깔의 사용도 절제를 요한다. 많은 색깔은 오히려 산만하게 보일 수 있다. 맥킨지 컨설팅회사는 발표를 할 때 2가지 정도의 색채만을 권장하고 있고 많아도 3가지를 넘지 않도록 한다. '1 Page Proposal'의 저자는 꼭 기본 검정 색만을 쓰도록 권장한다.

무엇보다도 지면 편집에 신경을 많이 쓰는 것이 신문이다. 신문의 첫인상이 어떤가에 따라 경쟁력이 좌우되기 때문이다. 그래서 신문사에서 편집부가 정치부나 사회부보다 막강한 힘을 발휘하는 것이다.

사람은 시각을 통하여 사물을 빠르게 인지하기 때문에 한 장의 그림이 수만 마디의 단어보다 더 많은 정보를 전달할 수가 있다. 현대사회가 정보화 사회로 옮겨가면서 전달하는 정보량이 워낙 많기 때문에 문자보다 되도록 영상 정보를 많이 활용하는 것은 자연스러운 추세이다. 일본에서 어려운 불교 내용을 대중에게 쉽게 접근시키기 위해 만화로 제작하는 것이나 각종 제품의 사용설명서에 반드시 그림을 포함하는 것이 그 예이다.

한편 도표는 복잡한 상관관계를 일목요연하게 보여준다. 크기를 서로 비교하거나 시간에 따라 내용이 변화하여 가는 사항을 표시할 수 있어 전통적으로 기술자와 과학자가 자주 활용해왔다.

조사를
정확하게 사용하자

　　우리글은 접속어뿐만이 아니라 조사도 문장의 의미를 결정한다. '이번에 서운하다'는 한번에 국한되지만 '이번에도 서운하다'는 여러 번 연속해서 그렇다는 뜻으로 조사 하나에 문장 의미가 크게 차이가 난다. 또 다른 예로 '달이 밝다'는 보름이어서 달 자체가 밝은 것을 지칭하지만 '달은 밝다'는 '은'이 비교격 조사이기 때문에 달은 밝은데 이와 비교하여 별은 어둡거나 골목길이 어두운 것을 암시하는 의미가 된다.

모호한 것은 죄악이다

간결한 문체라도 의미가 모호하면 읽는 사람이 자기 나름대로 해석하여 글이 가지는 논리의 흐름에서 벗어나게 된다. 수식어의 위치가 피수식어에 접근하지 않아서 생기는 혼란도 방지해야 한다. 모호함은 상대를 더 헷갈리게 하기 때문에 틀리는 것보다 더 나쁘다. 구조적으로 이중성을 띤 문장도 있어 주의를 요한다.

〈1〉 당신의 사랑에 감격하고 있습니다. (그래서?)

〈2〉 그는 소리를 지르면서 달아나는 범인을 쫓아갔다. (누가 소리를 지르나?)

〈1〉은 사랑한다는 것인지 사랑하지 않는다는 것인지 알 수가 없다. 듣는 사람을 짜증스럽게 만든다. 〈2〉은 구조적으로 이중성을 띠고 있어 누가 소리를 지르는지 알 수 없다.

또한, 우리는 수식어가 피수식어와 동떨어져 있는 문장을 너무 많이 사용한다. 하도 많이 써서 관습적이 된 것도 있으나 그렇지 않은 경우는 뜻이 이상해진다.

〈1〉 온통 사회가 범죄로 가득 차 있다 → 사회가 온통 범죄로 가득 차 있다.

〈2〉 골치 아픈 회사 내의 인간관계 → 회사 내의 골치 아픈 인간관계

〈3〉 큰직원식당, 작은직원식당 → 직원용 큰 식당, 직원용 작은 식당

〈1〉의 경우에는 수식어가 피수식어와 떨어져 있어도 문맥상 멀리 있는 것을 수식하는 것으로 쉽게 알 수 있다. 그러나 〈2〉는 수식어가 잘못 위치하고 있어 뜻이 전혀 다른 표현이다. '골치 아픈' 것은 회사가 아니고 인간관계이다. 특히 〈3〉은 여의도에 있는 국회의원 회관 지하 식당에 붙인 이름이다. '의원식당' 이 있으니 '직원식당' 을 구분해서 불러야겠지만 '큰 직원식당' 보다는 '직원용 큰 식당' 이 자연스럽다.

구체적인 수치로 표현한다

기술문서에서 개략적인 표현은 삼가야 한다. 구체성을 결여한 완곡한 표현은 의사전달에 장애가 되기 때문에 구체적인 수치가 제시되어야 한다.

〈1〉 종전의 측정보다 훨씬 우수한 결과를 얻었다.

→ 종전의 측정에서는 표준오차가 5%였으나 본 실험에서는 0.5%였다.

〈2〉 이 약의 부작용으로 간혹 입안이 마르거나 아주 드물게는 두드러기가 날수 있습니다.

→ 이 약의 부작용으로 5% 내외로 입안이 마르거나 0.1% 이내로 두드러기가 날 수 있습니다.

　연구의 내용이 형편없는 것일수록 구체적인 표현을 쓰지 않는다. '다양한 견해를 연대순으로 정리해 본다' 라고 하면 남의 논문을 인용만 하는 경우이고, 또 '이것은 향후 과제로 한다' 라는 표현은 시간이 모자라 할 수 없었거나 할 수 있어도 다음 프로젝트로 남겨둔 인상을 주게 된다.

　종전에는 〈2〉의 예문같이 개략적인 표시를 약품 설명서에 하여도 아무 문제가 없었다. 하지만 우리나라도 제조물책임법(PL법)이 발효되어서 구체성이 결여된 표시로 제품 사용자가 손해를 입으면 소송을 제기할 수가 있기 때문에 표현에 주의를 기울여야 한다.

명칭은 일관되게 써라

명칭을 제대로 사용하지 않으면 읽는 사람의 생각을 흔들어 놓을 때가 많다.

전등의 높이를 변화시키면 불빛 주위에 모여드는 곤충의 수는 증가하였다. 한편 조명기구의 방향은 곤충의 수에 영향을 미치지 않았다.

위의 예문을 보자. 불빛에 모여드는 나방 연구를 기술하면서 관측자는 전등, 불빛 및 조명기구의 명칭을 혼용하고 있다. 명칭은 최대한 일관되게 적어야 읽는 사람이 이해하기 쉽다.

중랑천 오염문제를 다루면서 하천오염, 수질오염, 환경오염 등으로 다양하게 표현하여 읽는 사람으로 하여금 명칭간의 관계를 자꾸만 생각하게 하는 것은 좋은 글이 아니다. 명칭은 가장 구체적인 것을 일관되게 사용하여야 함으로 '환경오염' 보다는 '수질오염' → '하천오염' → '중랑천오염' 으로 하는 것이 좋다. 그러나 명칭을 일관되게 사용하는 것과 특정 단어를 연속하여 사용하는 것과는 다르다.

오늘날 공해문제는 사회문제 중에서 가장 심각한 문제임에도 불구하고 문제의 심각성을 이해하는 사람이 그다지 많지 않다는 점에서 문제의 어려움이 있다.
→ 오늘날 공해는 사회문제 중에서 가장 심각한 것임에도 불구하고 이의 심각성을 이해하는 사람이 그다지 많지 않다는 점에서 해결의 어려움이 있다.

명칭이 아니고 동사, 형용사 및 부사일 경우에는 다양한 것이 좋다. 한 가지 단어를 중복하여 사용하면 금방 싫증이 나기 때문이다.

〈1〉 말했다 → 설명했다, 주장했다, 밝혔다, 전했다, 거듭했다 등
〈2〉 기술개발 제도 확립 → 수립, 개선, 확충, 보완 등

'말했다' 를 반복하기보다는 설명했다, 주장했다, 밝혔다, 전했다, 거듭했다 등으로 변화를 주어야 한다. 정부가 기술개발 제도를 확립하겠다고 반복하기보다는 기술개발 제도를 수립, 개선, 확충 또는 보완으로 다양하게 표현하는 것도 같은 이유다.

괄호도 잘 써야한다

글을 쓸 때, 보완해서 설명할 것이 나오면 별생각 없이 그 내용을 괄호 안에 넣는 경우가 많다. 괄호는 단어 설명과 같은 보완설명에 국한하여야 한다.

일기예보에도 카오스 이론(Chaos Theory; 수많은 인자가 영향을 미쳐 결과를 예측하기 어려운 복잡계 이론으로 북경에서 나비가 일으킨 날개 짓이 뉴욕의 폭풍을 가져 올 수 있는 것이 예)이 적용된다.

괄호 사용이 가장 잘못된 것은 본문에 포함될 내용이나 반대되는 개념을 편의상 괄호 안에 집어넣는 것이다.

〈1〉 원자력은 발전 단가가 석유의 반밖에 되지 않는 값싼 에너지이다(반핵단체는 원전에서 발생된 방사성폐기물의 처리비용과 원자력 관련시설의 해체비가 불투명하기 때문에 원전의 경제성에 의문을 제기하고 있다). 또한 원자력은 지구온난화의 원인이 되는 탄산가스의 배출이 없다.

→ 원자력은 발전 단가가 석유의 반밖에 되지 않는 값싼 에너지이다. 또한 원자력은 지구온난화의 원인이 되는 탄산가스의 배출이 없다.

〈2〉 진동이 증가하게 된 원인을 다각도(구조진동, 와유기진동, 음항공진 등)로 조사하였다. 먼저 구조진동은 속도성분의 최대치가 9.62 cm/sec로서 허용값(10.54 cm/sec)에 근접했다.

→ 진동 증가 원인을 찾아내기 위해 구조진동, 와유기진동 및 음항공진을 측정하였다. 먼저 구조진동은 속도성분의 최대치가 9.62 cm/sec로서 허용값인 10.5cm/sec에 근접했다.

　〈1〉의 경우처럼 반대의견을 괄호 안에 넣는 것은 정말 삼가야 한다. 세상일은 보기에 따라 이럴 수도 있고 저럴 수도 있는데 그렇다고 문장마다 반대 의견을 첨부할 수는 없기 때문이다. 글 쓰는 이는 뚜렷한 주제 하나를 가지고 일관성 있게 글을 써야 한다. 〈2〉는 문장에서 제일 중요한 정보가 '다각도' 가 아니고 '구조진동 등' 이다. 중요한 정보를 괄호 안에 넣어 보완설명으로 취급해서는 안 된다. 한편 '허용값' 뒤에 괄호를 사용한 것은 보완적인 내용을 담고 있어 틀리는 것은 아니다. 그러나 괄호 사용을 함부로 하는 인상을 주지 않기 위하여서는 없는 편이 더 낫다고 할 수 있다.

피해야^할 표현들

같은 의미의 단어를 반복 사용하면 안 된다. 같은 의미를 가진 단어를 사용하게 되면 글의 품위를 훼손한다. '역전 앞'과 같은 표현이 되지 않도록 주의를 기울여야 한다.

〈1〉 침전물은 청색인 색채를 띤다.

→ 침전물은 청색을 띤다.

〈2〉 3kg 무게의 재료가 필요하다.

→ 3Kg의 재료가 필요하다.

〈3〉 똑같은 실험조건을 또다시 재연하는 것은 쉽지 않다.

→ 똑같은 실험조건을 재연하는 것은 쉽지 않다.

보고문에서 진부하거나 과장된 표현은 금물이다. 이러한 글은 글 쓰는 이의 진실성을 손상시키기 쉬우며, 자기가 고생한 만큼 기록에 남기는 것과 같이 부정적 효과를 가져온다. 필요 없는 것을 넣을수록 힘없는 글이 되는 것을 명심하자.

〈1〉 침전물은 가을 하늘같이 투명한 청색을 띠었다.

　　　→ 침전물은 맑은 청색을 띠었다.

〈2〉 오랫동안 청소를 하지 않아 공장이 쓰레기 하치장 같다.

　　　→ 오랫동안 청소를 하지 않아 공장이 지저분하게 보인다.

'의' 를 함부로 남용해서는 안된다. 문장을 압축하다 보면 명사만 여러 개 나열하거나 '의' 를 명사 사이에 집어넣게 되는 경우가 많다. 이럴 경우에는 하나의 문장 형태로 바꾸어 부드러운 글이 되도록 해야 한다.

〈1〉 국민권리보장방안은 무엇인가

　　국민의 권리의 보장방안은 무엇인가

　　국민 권리 보장의 방안은 무엇인가

　　국민권리의 보장방안은 무엇인가

　　　→ 국민의 권리를 보장하는 방안은 무엇인가.

〈2〉 나의 살던 고향은 꽃피는 산골

　　　→ 내가 살던 고향은 꽃피는 산골

복수 표현에 주의해야 한다. 우리글은 영어와는 달리 복수를 쓰지 않는 것이 자연스럽다. 따라서 영어식 표현으로 문장이 어색해지지 않도록 한다.

우리 국민들의 의식이 선진국들의 그것에 비해 많이 뒤떨어진다.
→ 우리 국민의 의식이 선진국에 비해 많이 뒤떨어진다.

긍정문을 사용하는 것이 좋다. 때로는 강조를 위해 부정문을 쓰는 경우가 있으나 이러한 부정적 표현은 글을 혼란스럽게 하기 십상이다. 또, 쓸데없이 글의 길이만 늘이는 게 된다. 따라서 가급적 긍정문을 사용해 글을 표현하는 습관을 기르는 것이 좋다.

〈1〉 그는 일찍 오지 않았다. → 그는 늦게 왔다.
〈2〉 수동문을 쓰지 말자. → 능동문을 쓰자.

제 5 장

실전에서 활용하기

발표(프리젠테이션) 하기

보고서 쓰기

연구논문 쓰기

자기소개서 쓰기

발표 〈프리젠테이션〉 하기

짧게하다

컨설팅회사는 고객에게 컨설팅 결과를 발표할 때 나름대로 비상계획을 가지고 있다. 고객회사의 최고 경영자는 항상 바쁘기 때문에 발표가 시작되려는 찰나 최고경영자가 급한 연락을 받고 자리를 떠날 수도 있다. 이때 그 경영자가 짧은 시간 안에 컨설팅 내용을 알고 싶어 하면 발표자가 경영자와 같이 걸어가면서 그 내용을 설명할 수 있어야 한다. 엘리베이터까지 걸어가는 시간과 엘리베이터를 타고 가는 그 짧은 시간을 활용해야 하는 것이다. 짧은 시간에 핵심을 전달할 수 있으면 그 발표는 최고의 경쟁력을 갖추고 있는 것이다.

글을 쓸 때 철저하게 읽는 사람 위주로 하듯이 발표도 듣는 사람 위주로 하여야 한다. 그런데도 많은 발표자는 자기가 좋아하거나 편한 방식대로 해서 발표를 망친다.

발표 듣는 사람이 가장 원하는 것은 짧게 해달라는 것이다. 듣는 사람은 모두 바쁘고 수많은 정보에 둘러싸여 있다. 한 조사 결과에 의하면 정신노동을 하는 미국인이 신문, 잡지, 방송, 책, 인터넷 및 대화에서 얻는 메시지가 하루 평균 2,400개에 달한다고 한다. 이처럼 많은 메시지를 듣고 현대인은 신속히 취할 것과 버릴 것을 결정한다. 그렇기 때문에 발표자에게 아무리 중요한 것이라도 듣는 사람에게는 2,400개 중의 하나에 불과한 것이다. 시간을 끌지 말자. 들어보니 별것도 아닌데 시간만 끌면 설득은커녕 듣는 사람의 화만 돋우는 셈이 된다. 듣는 사람이 필요로 해서 돈 내고 받는 수업도 휴강이라면 학생들은 환호한다.

듣는 사람은 자신의 이익과 관련이 없는 사항에 무심하다. 그렇기 때문에 듣는 사람이 어떤 이익을 받을 것인지에 대하여 발표자는 열심히 설명을 하게 된다. 하지만 듣는 사람이 발표에 집중하는 시간은 처음 3분이다. 3분이 지나면 금방 다른 생각을 하기 때문에 나머지 시간에 중요한 사안을 이야기해도 전달 효율이 급격히 떨어지는 것이다. 그렇기 때문에 회의 시에 발표 시간을 3분 이내로 제한하는 회사는 경쟁력이 있는 회사이다. 이러한 회사는 '3분 발표' 연구회를 적극 장려한다. '3분 발표'를 해보면 3분은 이외로 긴 시간이다. TV광고가 20초 내외이지만 많은 핵심 정보를 전한다. 발표자는 3분에 TV광고 10개를 할 수가 있다.

한 장면, 한 중심생각의 원칙을 지키자

발표를 할 때 시각자료를 활용하면 효율성을 극대화할 수 있다. 일반적으로 시각자료의 도구로는 파워포인트(MS Power Point)가 가장 많이 쓰이는데, 이때 중요한 것은 한 장면에 한 중심생각(One slide, one topic)만을 적용시켜야 한다는 것이다. 이것은 글을 쓸 때에 한 문단, 한 중심생각(One paragraph, one topic)과 같은 것이다. 예를 들어 제품의 가격과 성능에 대하여 설명하려는 경우에 한 장면에는 가격에 대해서, 다른 한 장면에는 성능에 대해서 언급해야 한다는 것이다. 만약 성능과 가격을 같은 장면에서 다루면 발표가 집중력을 잃게 된다.

시각의 힘을 이용하자

보기에 깔끔하고 핵심 내용이 한 눈에 들어 올 수 있도록 한다. 시각은 청각 보다 12배 정도의 힘을 발휘함으로 시각적으로 최대한 많은 정보를 전달하여야 한다. 도표나 그림을 사용하여 이해를 돕되 지나치면 안 된다.

사용하는 색깔도 최대 3가지 이내로 하여야 천박하게 보이지 않는다. 제안서는 반드시 검정색 하나만을 고집하는 컨설팅 회사도 있다.

청중이 쉽게 알아 볼 수 있는 내용은 생략한다. 청중은 이미 '결론' 이라고 쓰여진 장면을 보고 있는데 '지금부터 결론을 말씀드리겠습니다' 라고 굳이 말을 할 필요가 없다. '결론입니다' 또는 '결론은' 으로 충분하다.

발표자의 시선으로 청중의 관심을 유지시킨다. 청중과 시선을 맞추면서 U자나 N자 형태로 자연스럽게 시선을 옮기면 청중 전체의 관심을 유지할 수가 있다. 때에 따라서는 '한 문장, 한 중심생각' 의 원칙을 원용하여 한 사람과 눈을 맞추어 한 중심생각을 설명하는 것이 도움이 된다. 그러나 시선을 너무 자주 옮기면 산만하게 보이고 특정인과 자주 눈을 맞추면 그 분이 불편하게 느끼므로 주의해야 한다. 발표에서 결정적인 사항은 발표자가 눈빛으로 호소하되 되도록 시선을 최고 경영자에게 향하도록 한다. 이렇게 열심히 청중에게 시선을 주면 청중의 반응을 즉각 발표에 반영시킬 수 있다.

생각의 속도를 따라 잡는다

말은 1분에 180개의 단어를 할 수 있으나 머리는 그보다 훨씬 많은 4~5배의 단어를 생각한다. 그러므로 시각물 자체가 너무 단순하거나, 장면에 나와 있는 내용을 단순히 읽기만 한다면 청중은 금방 다른 생각을 하게 된다. 반대로 내용이 복잡하거나 논리 정연하지 못해도 청중은 흥미를 상실하게 된다. 이를 방지하기 위해서는 행간에 의미를 부여하여 긴장감을 유지시켜야 한다. 그렇다고 행간에 의미를 숨겨 놓으라는 뜻은 아니다. 누구나 아는 일반적인 사항은 과감하게 생략하면서 빠르게 진행하라는 의미이다.

생각의 흐름을 가장 방해하는 것이 시각물에 없는 사항을 발표자가 들고 나오는 것이다. 질문이 나와서 어쩔 수 없이 설명해야 하지 않는 한 절대로 새로운 사항을 말로 등장시켜서는 안 된다.

설득의 원리를 이해하자

설득을 당하는 데는 이성(Logos)이 10%, 연민(Pathos)이 30%, 감성

(Ethos)이 60% 작용한다고 한다.

　이성은 논리적으로 사안을 납득할 수 있게 함으로 설득의 기본요소이다. 그러나 워낙 당연한 것이다 보니 중요도는 낮다. 설득에서 이보다 중요한 것이 연민이고 감성이다.

　연민은 서로 감정을 함께 함으로 논리적인 설득보다 더 많은 효과를 발휘한다. 감정을 함께 하려면 말하기보다 듣는 것이 낫다. 입은 하나이고 귀가 두 개인 것은 말하는 것보다 듣기를 2배나 많이 하라는 의미라고 한다. 우리가 일상생활에서 듣기만 해도 문제를 많이 해결하는 경험을 종종 하게 되는 것도 듣기의 힘이다. 그러므로 경청자가 진정한 설득자라고 한다.

　이와 같은 경청의 힘을 질문에 대처하는 방안으로 활용한다. 질문자의 대부분이 발표자의 의견을 듣기 위해 질문을 하기보다는 자기의 지식을 과시하거나 자기의 의견을 피력하는 기회로 질문을 활용한다고 한다. 이러한 경우에 발표자는 답변을 하는 대신 조용히 경청한 후 간단히 맞장구만 치면 된다. 특히 경청은 곤란한 질문에 대하여 위력을 발휘한다. 곤란한 질문일수록 답변하지 말고 성실한 자세로 듣기만 하면 된다. 어차피 질문자도 답변을 기대하고 하는 질문이 아니기 때문이다.

　감성은 느낌이나 인상이며 연민보다 더 큰 효과를 가지고 있다. 청중이 느끼기에 발표자의 실력이 기대에 못 미치거나 발표자의 인상이 좋지 못하면 그 발표는 안 하는 것보다 못하다. 그렇기 때문에 발표자의 자신감이나 복장 등의 비언어적인 표현을 강조하는 것이다. 하나의 오·탈자가 청중에게 나쁜 느낌을 주어 자료의 신뢰성에 치명적이 될 수도 있기 때문에 주의하여야 한다.

보고서 쓰기

결론을 먼저 쓴다

회사에서 개인의 능력이 보고서로 평가되는 시대가 되었다. 예전에는 최고 경영자와 얼굴을 맞대고 보고를 하였으나 이제는 메일로 최고경영자와 업무를 협의한다. 승진에서 연공서열이 없어지고 능력을 우선하게 되니까 객관적인 평가 자료가 필요하게 되는데 이 때에 간부가 제출한 정기적인 보고서를 활용하는 회사도 있다. 간부는 자신이 수행한 업무 실적이나 제안을 분기에는 10줄, 일년에는 15줄 이내로 작성하여 회사에 제출하는데, 3년 정도 자료가 쌓이면 능력을 제대로 파악할 수 있는 척도가 된다고 한다.

보고서 쓰기의 핵심은 결론과 중요사항을 먼저 나오게 하고, 간결하게 써야한다는 것이다. 보고서의 종류는 조사보고서, 연구보고서, 출장보고서, 제안서 등 천차만별이지만 여기서는 공통되는 기본사항만을 다루기로 한다.

제목에는 핵심사항을 간결하게 적는다

보고서를 읽는 사람은 여러 개의 보고서를 한꺼번에 본다. 읽는 사람이 제목만 보아도 내용의 상당부분을 파악할 수 있도록 해야 자기 보고서가 읽히지도 않고 방치되는 것을 막을 수 있다. 그렇게 하려면 제목을 통해 결론이나 핵심사항을 간결하게 표현할 수 있어야 한다. 포괄적이고 일반적인 것은 좋은 제목이 아니다.

요약과 권고사항을 중시한다

미국의 한 조사 결과를 보면 임원이 아랫사람의 보고서를 볼 때 요약, 결론, 소개, 내용, 부록의 순으로 본다고 한다. 특히 요약을 가장 자세하게 읽기 때문에 보고서에서 요약을 제일 중요시해야 한다. 요약은 본문의 내용을 2~3장으로 압축한다. 이때 권고사항을 반드시 포함하여 읽는 사람이 무엇을 해야 할지를 잘 알 수 있도록 한다.

보충자료를 추가한다

보충자료는 요약과 권고사항을 보완하는 것으로 소개, 내용, 결론 부분으로 나누어 기술한다. 기술 방식은 논문의 서론, 본론 및 결론과 유사하며, 이해가 어려운 부분은 그림이나 도표를 활용하고 너무 복잡하고 양이 많은 부분은 부록에 포함시킨다.

표현 방식에 주의한다

보고서 역시 철저하게 읽는 사람 위주로 작성하여야 한다. 읽는 사람이 이해할 수 있는 언어로 유익한 정보만을 전달해야 한다. 읽으면서 궁금증이 일어나지 않도록 필수적인 정보는 반드시 포함시켜야 한다.

산뜻하고 간결해야 한다

핵심 내용이 한 눈에 들어오도록 표현을 최대한 간결하게 하여 산뜻한 보고서가 되게 한다. 같은 내용을 한번이라도 반복하는 것은 프로가 아니다.

보고서를 제출했다고 해서 보고자의 의무가 끝난 것은 아니다. 보고서의 내용에 관해 상급자로부터의 질문에 대비하여 자신의 생각을 뒷받침할 자료를 정리하여 갖추고 있어야 한다.

IBM사의 보고서 작성 요령

IBM사가 '오피스'지에 기고한 '보고서 작성 요령'이란 논문을 요약하여 소개한다.

1. 제목의 문장(제목문)을 간결하고 직선적으로 한다.

읽는 사람의 주의를 끌고 흥미를 느낄 수 있게 한다.

예) XYZ는 불합격 부품이므로 연간 2백만 달러의 재정 손실을 가져오고 있다.

2. 상대의 이익을 제시한다.

이 보고를 읽게 됨으로써 어떤 이익이 있는지를 밝힌다. 적절한 시기를 택하여, 읽지도 않고 파일에 넣어 버릴 가능성을 줄인다.

3. 읽는 사람의 마음에 호소하여 납득시킨다.

당신이 제시하는 해결책이 왜 좋은지에 대하여 객관적인 사실을 분석하고, 어째서 그런 결론에 도달했는지 설명할 수 있어야 한다. 그러기 위하여서는 자신이 가장 잘 알고 있는 것부터 시작하여 구체적으로 자신의 요구를 나타내면서 천천히 접근을 시도한다.

4. 보고서를 읽는 사람에게 행동 의욕을 고취시킨다.

읽는 사람의 욕구를 일으키는 것만으론 불충분하다. 필요한 행동을 당장 취할 의욕을 갖게 한다.

5. 필요한 행동을 기술한다.

행동이 수반되지 않는 보고서는 죽은 보고서이다.

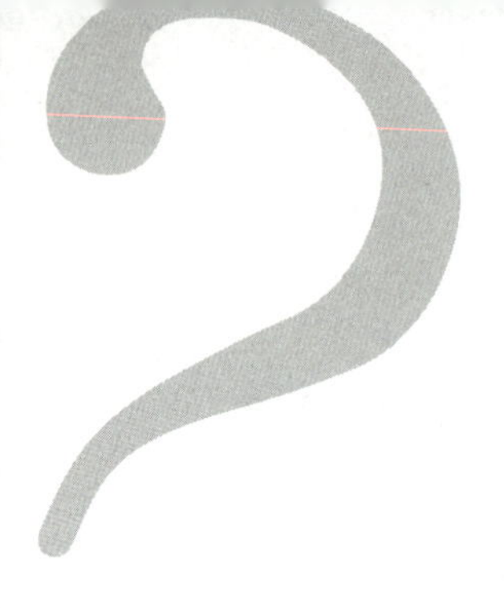

연구논문 쓰기

주제 정하기

논문은 독창적인 생각이나 연구를 다른 사람에게 알리는 것이다. 따라서 정확한 내용을 객관적으로 기술하여 다른 사람도 재현이 가능하도록 해야 한다. 더욱이 요즈음은 학제간의 연구가 많이 수행되어 다른 분야의 전공자도 쉽게 논문을 이해할 수 있도록 해야 한다.

논문도 다른 글과 마찬가지로 주제를 먼저 정해야 한다. 이때 주제의 범위가 가급적 구체적이어야 하는 것을 잊지 말아야 한다. 주제가 정해지면 이에 대한 자료를 모으고 실험을 수행한 후 논문 뼈대를 논리전개 구도로 그려보아야 한다. 이것을 구상단계라 하는데, 즉 서론, 본론 및 결론의 개요를 적는 것이다. 논문 작업은 서론, 본론 및 결론을 먼저 작성하고 요약이나 초록은 뒤에 쓰는 것이 좋다. 제목은 제일 나중에 붙이는데, 결론의 내용이 확연하게 나타나도록 해야 하기 때문이다. 마지막으로 점검이야말로 화룡점정(畵龍點睛)이다. 귀찮겠지만 읽는 사람 입장에서 보고, 또 보아야 한다. 작성자가 적어도 6~7회, 관계 전문가가 2회 이상 교정을 해야 하며, 매 번의 점검이 끝나면 충분한 냉각기간을 두고 다시 검토해야 한다. 적어도 2개월 이상의 충분한 시간을 두고 퇴고(堆鼓)를 해야 자기의 실수를 발견할 수 있다.

제목은 결론의 내용을 간결하게 표현한다

읽는 사람은 제목만 보고 논문을 읽을지 여부를 결정한다. 그러므로 제목에 결론의 내용을 축약하면 읽는 사람에게 많은 정보를 주게 된다. 이와 같이 핵심 내용을 쉽게 파악할 수 있게만 해도 훌륭한 제목이 된다. 여기에 독자의 흥미를 유도하는 매력을 갖추면 더 이상 바랄 것이 없다. 반면에 구체성을 결여한 일반적인 내용은 적합하지 못하며, 너무 간단하거나 긴 제목도 바람직하지 않다.

초록이 중요하다

논문에서 초록의 중요성이 날로 높아지고 있다. 인터넷을 통하여 문헌 검색의 대상이 되기 때문에 자신의 연구 결과를 국제적으로 등록해 두는 역할을 하고 있다. 그렇기 때문에 초록은 반드시 영어로 써야 한다. 초록이 이처럼 중요한데도 불구하고 현재 우리나라에서 쓰는 영어 초록의 수준이 형편없다. 대부분이 미국에서도 오래 전에 파기된 형식의 초록을 사용하고 있으며, 그런 구닥다리 형식을 국내 학회 '논문초청 안내서'에 표준 양식으로 추천까지 하고 있다.

초록이란 논문 내용에 대한 기본적인 배경지식을 가지고 있는 독자에게 논문을 읽지 않고도 그 내용을 알 수 있도록 압축하여 기술한 내용이다. 그러므로 초록은 그 자체로써 완성된 형태를 구축해야 한다.

초록에는 크게 서술적 초록과 정보적 초록이 있다.

서술적 초록(Descriptive Abstract) : 문제에 대한 설명, 목적, 범위 및 방법까지만 기술 평론 등에 제한적으로 사용

정보적 초록(Informative Abstract) : 서술적 초록에 결과, 결론 및 권고사항을 포함, 논문에 널리 쓰이는 형식

초록은 국제적인 표준양식을 따라야함으로 영어로 써야 하고 주의해야 할 사항도 많다.

- 제목에서는 연구 결과를, 초록의 첫 문장에서는 어떤 연구인지를 알게 하면 최고이다.
- 목적이나 '핵심 주제를 다룬' 배경을 되도록 한 문장으로 처리한다.
- 서론에서 다루는 '단순한' 배경이나 본문의 그림 및 수식을 포함시키지 않는다.

- 지면의 제약으로 표제 내용의 반복이나 본문의 주요 내용을 그대로 옮겨 적어도 안 된다.
- 연구비의 출처 등과 같은 행정적인 사실도 기재하지 않는다.
- 결과에 대한 주관적인 해석이나 고찰은 넣지 않는 것이 관례이다.
- 목적과 관련이 깊은 권고사항은 포함한다.
- 보고서 마지막에 포함시킬 수도 있는 요약과도 구분되게 해야 한다.
- 초록은 영어 200~250 단어 정도를 사용하며, 13줄을 넘기지 않도록 한다.
- 종래에는 초록을 반드시 수동태로 썼으나 요즈음은 능동태로 쓴다.
- 핵심단어(Key Word)는 제한적이고 구체적인 것으로 해야 한다. 일반적이고 포괄적인 핵심단어는 정보 검색 시에 다른 연구과제와 중복되는 것으로 분류되어 불이익을 받을 수도 있다.

영문 정보적 초록(Informative Abstract) 쓰는 법

예전 형식의 초록과 문제점을 예문을 통해 살펴보자.

A Study on Improvement of Power Distribution and
Safety in Soluble Boron Free Core Through
Alteration of Fuel Composition

Abstract

A new concept of Pu-238 added fuel is introduced to
control the reactivity and power distribution in soluble

---

boron free(SBF) pressurized water reactor(PWR) core. Though excessive use of burnable poison and control rods is inevitable for reactivity suppression in SBF core, it causes the core power distribution control to be so difficult that a practical SBF operation is far distant. In this work, it is confirmed that the excess reactivity can be greatly suppressed by introducing the PU-238 added fuel.

문제점은 다음과 같다. 우선, 제목에 'A Study on' 은 쓰지 않는다. 필요 없는 사족이다. 또, 'Alteration of Fuel Composition' 이라는 모호한 표현 대신에 'Pu-238 Added Fuel' 이라고 구체적으로 써야 한다. 제목은 결론의 핵심 사항을 최대한 자세히 표현해야 하기 때문에 'Pu-238 Added Fuel Improved Power Distribution and Safety in Soluble Boron Free Core' 로 바꾸는 것이 좋다.

초록의 첫 부분에는 이 연구에서 '무엇을' 했느냐를 밝혀야 한다. 그래야 읽는 사람이 제목이나 첫 부분만 보고도 핵심 정보의 대부분을 취득할 수가 있기 때문이다.

예전에는 초록에서 글자 수를 줄이기 위해 수동태로 써야 한다고 주장했으나 요즈음은 철저하게 능동태로 쓸 것을 권장하고 있다. 특히 'In this work, it is confirmed' 은 현재 미국에서 제발 쓰지 말라고 당부하는 표현이다. 이런 원칙에 따라 원문을 고쳐 보면 다음과 같이 된다. 'This work introduced a new concept of Pu-238 added fuel and confirmed that the new concept greatly suppressed the excessive reactivity.' 이렇게 하면 뜻도 분명하게 전달할 수 있고 글자 수도 줄일 수 있다.

영문 정보적 초록 쓰기 실례

Long –Distance Running is Good For Older Patients

Abstracts

This report investigates the long-term effects of long-distance running on the bones, joints, and general health of runners aged 50 to 72. The Sports Medicine Institute of Columbia Hospital sponsored this investigation, first to decide whether to add a geriatric unit to the Institute, and second to determine whether physicians should recommend long-distance running for their older patients. The investigation is based on recent studies conducted at Stanford University and the University of Florida. The Stanford study tested and compared male and female long-distance runners between 50 and 72 years of age with a control group of runners and non-runners. The groups were also matched by sex, race, education, and occupation. The Florida study used only male runners who had run at least 20 miles a week for five years and compared them with a group of runners and non-runners. Both studies based findings on medical histories and on detailed physical and X-ray examinations.(So far called ?'descriptive abstract'?)

Both studies conclude that long-distance running is not associated with increased degenerative joint disease. Control groups were more prone to spur formation, sclerosis, and joint-space narrowing and showed more joint degeneration than runners. Female long-distance runners exhibited somewhat more sclerosis in knee joints and the lumbar area than matched control subjects. Both studies support the role of exercise in retarding bone loss with aging. The investigation concludes that the health risk factors are fewer for long-distance runners than for those less active between the ages of 50 and 72. The investigation recommends that the Sports Medicine Institute of Columbia Hospital consider the development of a geriatric unit a priority and that it inform physicians that an exercise program that includes long-distance running can be beneficial to their patients health.

장거리 달리기는 노인 환자에게 좋다

이 보고서는 50세에서 72세 사이의 사람이 장거리 달리기를 오랫

동안 할 때 뼈, 관절 및 건강에 미치는 영향을 조사한 것이다. 콜롬비아 병원이 이 조사를 지원하였는데, 그 목적은 첫째가 병원에 노인학과의 신설 여부를 결정하고, 둘째가 나이 든 사람에게 장거리 달리기를 권장할지 여부를 결정하기 위함이었다. 이 조사는 스탠포드 대학과 플로리다대학에서 수행된 연구를 기초로 하였다. (중략)

(여기까지가 서술적 초록)

두 대학의 연구 결과는 장거리 달리기는 퇴행성 관절 질환과 관련이 없다는 것이었다. 달리지 않는 사람이 더 많이 퇴행성 질환에 노출되는 경향을 보였다. (중략) 이 조사의 결론은 50세에서 72세 사이의 사람은 장거리 달리기를 하는 편이 건강 위해 요소가 낮다는 것이다. 이 조사를 통해 건의하는 사항은 병원에 노인학과를 신설하고 나이 든 사람에게 장거리 달리기를 권장하는 것이다.

서론은 간략하되 흥미를 유발해야 한다

서론은 '무엇을', '왜' 쓰는가를 주로 밝힌다. 따라서 배경, 문제제기 및 목적을 중심으로 기술하며, 연구사항을 '어떻게' 전개할 것인지도 간략하게 소개한다. 논문을 읽는 사람은 대부분 그 분야를 잘 알고 있는 전문가이며, 남의 논문을 비판적으로 읽기 때문에 이들을 서서히 자신의 논리에 끌어들이려면 읽는 사람의 흥미를 유발시키고 이를 유지하는 것이 중요하다. 따라서 간결하되 정곡을 찌르듯이 작성해야 하며, 총설 또는 해설을 쓰는 기분으로 장황하게 자신의 박식함을 나타내지 않도록 한다.

배경 : 연구 주제와 관련하여 지금까지 행한 연구에서 알게 된 내용을 정리한다.

문제제기(또는 필요성) : 지금까지 행한 연구의 문제점을 분명하게 명시한다. 무엇이 문제가 되는지, 문제의 정의를 구체적이고 명확하게 기술해야 한다. 문제점을 정의할 때 사용하는 용어는 일반적인 의미를 가진 범용 용어에 국한하여야 한다. 본문에서 자주 인용되는 핵심 용어라 하더라도 서두에서는 이 용어의 뜻이 구체적으로 독자에게 인지되지 않았으므로 사용해서는 안 된다. 또한 예제를 잘 선택하여 읽는 사람이 어려운 기술적인 내용을 알기 쉽고 정확하게 이해할 수 있도록 해야 한다. 잘된 문제 정의와 예제는 논문의 성공 여부를 반 이상 결정짓는 중요한 요소이다. 이들을 통해 읽는 사람은 논문의 성격과 내용을 대부분 판단하기 때문이다.

목적 및 전개방향 : 연구 목적과 범위 및 전개 방향을 명확히 제시한다.

본론은 독창적인 내용을 정확하게 기술한다

본론은 서론에서 제기한 문제를 '어떻게' 해결할 것인지 그 내용과 방법을 기술한다. 또한 연구결과를 도출하고 연구과정에서 고찰한 의견을 개진한다.

내용 및 방법 : 문제 해결을 위해 자기의 독창적인 주장을 뒷받침할 근거나 자료, 이론을 논리적으로 제시하여 설득력을 갖게 한다. 실험의 경우에는 제3자가 검증해 볼 수 있도록 실험의 내용을 정확하게 기술하여 재현성을 보장한다. 이해가 어려운 부분은 그림이나 도표를 활용하고, 너무 복잡

하고 양이 많은 부분은 부록에 포함시킨다. 참고 문헌을 정확히 인용하는 것도 잊지 않아야 한다.

결과 및 고찰 : 연구에서 얻은 사실(데이터)과 자신의 의견을 토대로 논리적인 결과들을 제시한다. 연구를 통해 느낀 특이사항을 고찰 형식으로 기술한다.

결론은 문제의 해답을 정리하고 제언을 제시한다

결론은 서론에서 제기한 문제에 대한 해답을 간추려 정리하고, 미진한 내용은 제언이나 건의사항에 포함시킨다.

결론 : 결론은 본론의 각 장에서 도출한 작은 결과들을 종합하여 하나의 통합된 해답으로 마무리 짓는다. 자기가 주장하는 알맹이가 결론에 모두 들어가야 한다. 주의할 사항은 본론에서 언급하지 않았던 새로운 내용이나 주장을 결론에 포함시켜서는 안 된다는 것이다.

제언 또는 건의사항 : 결론에는 단순히 본론만을 요약해서는 곤란하다. 자기 논리에 대한 의미를 다시 한 번 새기며 부족한 과제에 대한 소개와 이의 해결 방안을 제언이나 건의사항 형태로 제시해야 한다. 특히 실험 및 기술상의 결함, 부정적인 실험 결과, 자신과 타인의 실험 결과의 차이점등을 정직하게 기술해야 한다.

요약은 논문의 내용을 2~3쪽에 압축한다

요약은 그야말로 본문의 서론, 본론 및 결론의 내용을 압축된 형태로 기

술한 것이다. 단, 초록과는 달리 배경이나 필요성, 중요한 그림 및 수식 등
이 포함되며 분량도 2~3쪽이 된다.

자기소개서 쓰기

소개서도 변해야 한다

자기소개서 쓰는 법이 잘못 알려져 있다. 대부분 사람들은 성장 배경, 학과 선택 동기, 성격 및 가치관과 지원 동기를 차례대로 쓴다. 이러한 자기소개서의 형식은 대학 작문 교재와 인터넷에 예문까지 나와 있어 대다수의 사람들이 아직도 이 틀을 벗어나지 못하고 있다. 하지만 이러한 형식은 산업사회의 인재 채용 방식에나 적합한 양식이다. 산업사회에서는 채용시험으로 합격자를 많이 뽑고, 사내 교육을 통하여 이들의 전문성과 조직 문화를 키워 나갔다. 그렇기 때문에 자기소개서는 단지 회사의 조직문화에 바람직한 인재인지 아닌지 인사담당자가 판단하는 보조 자료로 필요했던 것이다.

세상이 바뀌면 자기소개서도 바꾸어야 한다. 정보사회는 지식창출 및 이를 원활히 소통하는 자를 더욱 중시하여 적재적소에 맞는 인재를 수시 전형으로 선발한다. 산업화 시대의 'Anybody'가 아니라 정보화 시대의 'Somebody'를 원하는 것이다. 이로 인해 회사들도 신입사원보다 경력사원을 많이 원하고 있다. 물론 대학 졸업자는 신입직원도 되어 보지 못했는데 회사가 경력사원을 선호한다니 억울하기까지 하다. 억울할 것 없다. 대부분의 회사들이 경력사원을 원한다고 해도 한계가 있기 마련이다. 그렇기 때문에 일부 회사에서는 차선책으로 경력은 없어도 그런 능력을 키우고 있는 졸업자를 애타게 찾고 있다. 그러므로 자기소개서에 자기가 어떤 배경을 가지고 자란 사람이라는 '역사'를 적거나 어떤 '포부나 인생관'을 가진 사람이라고 열심히 피력할 필요가 없다. 단지 어떤 전문적인 일을 할 수 있는 '능력'에, 그것도 얼마나 재미를 느끼면서 '몰두'하였는지를 적으면 되는 것이다.

성장 배경, 성격 및 가치관은 면접 때 자연스럽게 드러난다. 수시전형에 수백 명이 몰려드는데 구시대의 자기소개서를 접수해 놓고 세상을 탓하기보다는 자신의 '능력'과 '몰두'를 한눈에 일목요연하게 보여 주는 소개서로 승부를 걸어야 한다.

개인 이력이나 다짐은 금물이다

자기소개서도 읽는 사람에게 필요한 정보를 담아야 한다. 자신의 이야기를, 그것도 장황하게 늘어놓으면 안 된다.

주위가 산으로 둘러싸이고 앞으로는 탁 트인 시야를 가진 나의 고향은 대구이다. 지금은 아파트 단지로 발 디딜 틈도 없이 변해 버린 대구 범물동에서 24년 전 봄에 가족 모두에게 축복을 받으며 태어났다. 집에서 막내로 태어나 두 형들 속에서 귀여움을 받으며 커왔다. 주위환경 덕분에 어릴 때는 뭐든지 쥐고 놀면 놀이기구가 되었고 어디든지 뛰어 놀면 놀이터였다.

→ 저는 대구 근교에서 태어나 자연 속에서 마음껏 뛰놀며 자랐습니다.

자신의 신변잡기가 네 줄이 넘지만 읽는 사람에게 필요한 정보는 한 줄이 채 되지 않는다. 그나마 이 한 줄도 주제와 관련이 있을지 의문이다.

누구나 할 수 있는 경험이나 개인적인 다짐, 철학도 도움이 되지 않는다. 도움은커녕 오히려 역효과가 날 때가 많다.

〈1〉 저는 안 해본 것이 없을 정도로 많은 사회적 경험을 쌓았습니다.

〈2〉 군 경험과 동호회 간부 생활을 통해 리더십을 터득하였습니다.

〈3〉 저는 무슨 일이든지 잘 합니다. 맡겨만 주십시오.

〈4〉 입사를 시켜 주시면 열심히 노력하여 최고의 전문가가 되겠습니다.

〈5〉 저의 좌우명은 성실입니다.

〈6〉 저는 자신감 하나만은 뛰어납니다.

〈1〉의 경우, 많은 사회 경험을 나열하면 산만하여 회사가 원하는 직무와 관련된 경험마저 돋보이지 않게 된다. 〈2〉의 경험으로 리더십을 논하기에는 무리가 있다. 리더십은 남의 객관적인 평가에 의하여 얻어지는 것이 자연스러우며, 자기가 인정할 것은 아니다. 〈3〉은 '팔방미인' 형인데 모든 것을 잘 한다는 것은 그만큼 특정 분야에는 집중력이 떨어진다는 것을 의미한다. 〈4〉의 경우에는 하나마나한 소리이다. 누구나 가지는 입사 포부이기 때문이다. 〈5〉와 〈6〉은 자신의 철학을 피력한 것인데 이것도 무용지물이다. 회사는 조직이 필요로 하는 전문성에 관심이 있다. 전문성을 갖춘 응시자를 먼저 뽑은 후에 면접에서 '성실'이나 '자신감'을 보기 때문에 자기소개서에는 철저하게 자신이 무엇을 잘 할 수 있는지에 초점을 맞추어야 한다.

하나의 주제에 집중하자

회사가 필요로 하는 인재가 자신임을 잘 드러내기 위해서는 회사의 직무와 밀접한 관계를 가진 뚜렷한 주제 하나를 선정하는 것이 좋다. 그리고 제목을 '자기소개서'라고 달기보다는 아래의 예문과 같이 주제문을 제목으로 하는 것이 구체적인 내용을 첫눈에 전할 수 있어 좋다.

주제 : 온라인 게임 제작의 전문가가 되고 싶습니다.

주제가 정해지면 성장과정, 성격, 취미 등의 모든 내용을 이 주제에 집중해야 한다.

제목 : 온라인 게임제작의 전문가가 되고 싶은 ○○○ 소개

성장과정 : 게임을 밥 먹기보다 좋아해

성격 : 꼼꼼하고 집중력 강해

특기분야 : 온라인 게임 제작은 자신 있어

지원동기 : 최고의 전문가로서 회사와 더불어 발전하고 싶어

성장과정과 성격 같은 소제목도 내용을 나타내는 표현으로 바꾸는 것이 좋다. 그래야 읽는 사람이 많은 정보를 쉽고 빠르게 얻을 수 있다. 또한 주제와 관련이 없는 사항은 과감하게 버리고 상투적인 표현은 주제와 밀접하게 관련을 가질 수 있도록 한다.

〈1〉 저는 경상북도의 조그마한 마을 ㅇㅇ군 ㅇ 이리에서 1남 1녀의 장녀로 태어나 엄하신 아버지와 자상한 어머니의 가르침을 받고 초등학교는 ……, 중등학교는 ……. (상투적인 표현)

　→ (모두 삭제)

〈2〉 저는 1남 1녀 중 장녀로 자랐습니다.

　→ 저는 자라면서 남동생과 많이 다투었습니다만 그러한 기회를 통하여 경쟁과 협조의 의미를 배웠습니다.

〈3〉 저는 무엇이든 과감하게 처리하기를 좋아합니다. 그러다 보니 일을 세밀하게 챙기지 못할 때가 많아 이를 고치려고 노력하고 있습니다.

　→ 저는 소극적이고 내성적입니다. 소극적인 사람은 매사를 신중히 생각하며 내성적인 사람은 남의 심정을 잘 헤아리는 경향이 있다고 합니다.

<1>은 주제와 관련이 없으므로 삭제하는 것이 좋다. <2>는 상투적인 표현을 쓰더라도 자신의 장점을 드러낼 수 있는 수단으로 활용할 수가 있다. <3>은 성격의 장·단점을 모두 적으려니 내용 전개에 무리가 따른다. 이럴 경우에도 단점을 장점으로 바꾸어 표현하는 방안을 강구해야 한다.

보기 좋게 만들자

자기소개서는 첫 인상에 호감이 가야 경쟁력이 있다. 물론 회사가 원하는 양식에 충실해야 하지만 반드시 따를 필요는 없으며 자기만의 개성과 창의성을 부여하는 것이 좋다. 앞에서 본 바와 같이 단순히 소제목을 '성격' 이라고 표시하기보다는 '성격; 꼼꼼하고 집중력 강해' 로 하면 핵심정보를 한 눈에 전달할 수도 있다.

본문 내용 가운데 꼭 강조하고 싶은 것은 두 세 개 정도의 핵심단어를 검게 'bold' 로 처리하여 읽는 사람의 눈에 금방 들어가게 하는 것이 좋다. 인터넷 원서 접수는 한 자리를 두고 수 백 명이 지원하기 때문에 첫 인상이 나쁜 소개서는 쓰레기 통으로 직행할 가능성이 매우 높다. 그러므로 작은 글씨로 빽빽이 적는 것은 낙제감이다. 두 장의 소개서 역시 지루한 느낌을 줄 수 있으므로 한 장에 그것도 85% 정도 되는 분량에 핵심 내용을 충분히 기술해야 한다.

이 외에도 자기소개서를 쓸때 주의할 사항은 다음과 같다.

① 솔직하게 적어야 한다.

② 간결하고 명료해야 한다.

③ 내용이 서로 연관을 가지고 어울려야 한다.

④ 문단 단위로 소주제를 나누어야 한다.

⑤ 교정을 해야 한다.

나는 자기소개서로 취직에 성공했다

자기소개서를 잘 써 취직에 성공한 졸업생의 편지와 자기소개서를 소개한다.

"2002년 저는 4학년이 되었습니다. 1학기가 끝날 때까지도 저는 취업을 희망하면서도 어떻게 준비해야 하는지 몰랐습니다. 2학기가 되어 막상 취업을 하려니 제일 먼저 부딪치는 것이 자기소개서였습니다. 평소 글 쓰는 것에 자신이 있다고 생각한 나였는데 막상 쓰려고 하니 두서가 없어지고 얽히기만 했습니다. 그러나 2학기때 '의사소통기술' 수업을 듣게 된 후 자신이 무엇을 할 수 있는지를 확실히 알릴 수 있는 방법과 많은 소개서 중에서 주목을 받을 수 있는 방법 등을 배울 수 있었습니다. 그 결과, '영창악기'에 100명이 넘는 지원자들 중 자기소개서만으로 면접에 오르게 되었습니다. 그리고는 100대 1의 경쟁률을 뚫고 당당하게 입사하였습니다."

- 영남대 출신 배재형

소리와 전자와 만남을 좋아하는 배재형 소개

귀사의 영업부서에 지원하게 됨을 기쁘게 생각합니다. 저는 어려서부터 음악과 악기를 좋아했고 직접 연주도 해보았습니다. 대학시절 밴드생활을 통해 악기 다루는 사람의 마음을 누구보다 잘 알고 있습니다. 또한 전기와 전자공학을 전공하여 이 분야에 대한 기초지식을 가지고 있습니다. 거기다 사람 만나는 것을 즐기고 이야기하는 것을 좋아하는 저로서는 이번보다 좋은 기회가 없다고 생각합니다.

대학 밴드부에서 자작곡을 연주

남달리 음악을 좋아하셨던 아버지의 영향을 받아 어릴 때부터 집안 가득 음악이 넘쳐흘렀습니다. 이런 환경이 저에게 소리와 음악에 대하여 친근감을 심어주었습니다. 중, 고등학교에 다니면서도 여러 장르의 음악을 접하고, 음악 잡지도 보았습니다. 대학에 진학해서는 좋아하는 소리를 직접 만들고 싶어 아르바이트를 해서 전자기타를 샀습니다. 혼자서 하기에는 심심하기도 하고 한계를 느껴 친구들과 함께 밴드를 만들어 꽉 찬 사운드의 추구에 열을 올렸습니다. 다른 사람의 곡을 연주하기보다는 자작곡을 만드는 일에 주력했고, 미디 프로그램을 이용해 작업을 해보기도 했습니다. 직접 기타를 연주해보고 앰프를 만져보면서 자신이 내고 싶은 음을 만들어 보려고 무진 애를 썼습니다. 이런 몇 년간의 밴드 생활은 음악과 소리에 대한 애정과 그것을 만드는 사람들에 대한 이해에 많은 도움을 주었습니다.

전자 소리에 조예

음악은 창조적인 작업이라 이를 표현하는 악기는 머리보다는 가슴과 관련이 더 많다고 할 수 있습니다. 그들이 내고자 하는 소리는 어쩌면 가슴속에서만 존재하는 것일지도 모릅니다. 그런 소리를 낼 수 있도록 제가 그들을 도와주려면 음악과 악기에 대한 지식 이외에도 전자분야에 대한 지식도 필요하다고 생각합니다. 음악인에게 악기는 생명과도 같고, 그들의 목소리이며, 그들의 얼굴인 것입니다. 그들은 악기로 말하고, 악기를 통한 소리로 모든 것을 보여주려 합니다. 그런 악기를 쉽게 선택하는 일은 없습니다. 기계라는 것이 다 비슷하다 하겠지만 브랜드마다 추구하는 방향이 있고 각자의 특성은 제각기 다르다고 생각합니다. 그런 특성에 대한 이해가 있어야 가려운 곳을 긁어주는 바로 그런 영업이 되지 않을까 합니다.

예의바르고 성실

정직하고 성실한 어머니와 예의 바르신 할머니의 영향을 많이 받았습니다. 또한 어려서부터 사람 만나는 것을 좋아해 처음 보는 사람도 친해지는 데는 아무런 거리낌을 느끼지 못합니다. 사람 만나기를 즐기고, 새로운 일에 도전하는 것을 좋아하는 성격은 영업이라는 일에 적합하다고 생각합니다.

창조적 음악에 좋은 악기를 소개해 주고 싶어

창조적 음악활동을 사랑하는 이들에게 좋은 악기를 소개해 주고 싶다는 것이 저의 꿈입니다. 음악을 사랑하고, 소리를 사랑하며, 그 소리를 만들고자 하는 사람들의 마음을 사랑하는 제가 귀사에서 꼭 일하고 싶습니다.

참고문헌 및 인용자료

국어와 작문 편찬위(2002), [국어와 작문], 영남대출판부

금동화(2002), [기술논문 작성법/글쓰기도 기술이다], 대한금속, 자료학회

남영신(2000), [문장비평글쓰기의 기본 이론과 서사문/기술문 쓰기], 한마당

문송천(1996), [MSC 논문 작성/지도법], 형설출판사

박동규(1997), [글쓰기를 두려워 말라], 문학사상사

박승준(1996), [글쓰기의 이론과 실제], 학지사

서정수(1995), [글쓰기의 기본 이론과 서사문/기술문 쓰기], 정음문화사

신동호(2002), [글 잘 쓰는 과학자가 성공할 확률 높다], 과학동아 2002. 02

임성규(1998), [글쓰기 전략과 실제], 박이정

최성애(1998), [자기 표현 시대에 글쓰기], 석탑

최재환(1995), [좋은 문장과 나쁜 문장], 범조사

한정선(1999), [프리젠테이션, 오! 프리젠테이션], 김영사

한효석(2000), [이렇게 해야 바로 쓴다], 한겨레신문사

Gerald J. Aferd, charles T, Brusaw & Walter E. Oliu(2000) : Hand Book of Technical Writing, St. Martin's Press

William Strunk & E. B. White(2000) : The Element of Style, Allyn & Bacom